JN107424

エミールのために

いま求められる教育理念

千葉章
Akira Chiba

花伝社

はじめに

「教えることは、学ぶこと」という言葉がありますが、私は教員生活を終えて、まさにこの言葉を実感しております。それは日ごろの生徒との交流の中で、「人間の価値とは何か」を彼らから教えてもらったからなのです。教職は私にとって天職でした。赴任した当時の私は、毎日学校へ行くことが楽しくて、朝が来るのが待ち遠しかったほどでした。それは、四六年前の日本の教育環境がまだ健全で自由であったせいであるかもしれません。

ところが、私が引退する前後になると、教育行政の圧力、職務の多忙化、保護者対応のストレス、生徒とのトラブル、職員間の人間関係などによって、若い教員が学校へ出てこられなくなり潰れていく様子をたびたび見るようになりました。

教育現場を去るにあたって何ができるかと考えた時、このような現状をもたらしたものが何かを考え、その原因を探り伝える必要があることに考えが至りました。そこから未来への展望となる糸口を見出すことができたら良いと考えて、この本を出版することにしました。

本書は、私もその一員であった神奈川県の教員グループが、一九八六年から二〇一四年までの二八年間にわたり、職場で配布した「エミール」という新聞に載ったコラムのうち、二〇一一年から二〇一四年までの分を基に、私の体験と未来への展望を加え編集したものです。四〇年近く勤めた教育現場を去るにあたって、学校に残る若き教員諸子と若者に残しておきたい言葉として、執筆することにしました。

全体を六章にわけて、第一章を私の教員時代とし、当時起きた出来事と社会との関係を考えました。第二章は教育現場の現状として、特に「日の丸・君が代教育」の持つ危険性と教員の置かれた過酷な環境を紹介しました。第三章は日本の近現代史の中の教育として、明治以降現在までの教育と社会の関係を、政治史も含めて展開しました。第四章は教育理念を考えることとしました。今や忘れ去られた教育の理念を掘り起こして解説し、教育の歴史、教育哲学、社会教育史などの観点から、現在の日本の教育の問題点を指摘し、批判しました。第五章は現代の危機として、世界が一つになった今の人類の危機を考えました。最後に、第六章としてドイツの有名な哲学者・精神科医であるカール・ヤスパースに学ぶ未来への展望と、危機の解決の糸口を探ることを目的として考察しました。

エミールのために——いま求められる教育理念目次

第一章

私の教員時代

「時計台」

政治・経済・社会と子供たち

最初に、社会や政治・経済が生徒やその家庭に影響を及ぼしたと考えられる出来事から述べてみます。

●社会が子供に及ぼす影響

今から四〇年以上前のことですが、私が勤務する高校の新学期が始まって一月ほど経ったある春の日、刑事が学校にやってきて、私のクラスのA君とB君に話を聞きたいというのです。私も同席したいと申し出ましたが断られたので、隣室で一時間ほど待っていました。やがて刑事が現れて、「実はA君とB君は、山下公園で起きたホームレス殺傷事件に関係していましてね。直接手は出していなかったようですが、そのグループにいたようなのです」という話でした。

実はこれが、ホームレスの人がバットで襲われた最初の事件だったのです。事件が起こったのは中学を卒業して高校へ入る間の春休みでした。その後私は二人の家を訪問したのですが、横浜の彼らの家は、日雇い労働者の町として有名な寿町と、横浜の繁華街としてこれも有名な伊勢佐木町に挟まれた場所にありました。これらの地域では、ホームレスの人々は迷惑な存在として疎まれていたのです。

当時の横浜の港では、荷物がコンテナ化されたため、沖仲仕として働いていた日雇いの人々は仕事がなく、路上に放り出されていました。しかし学校では受験競争が熾烈で成績によって進学する高校が明確に序列化されており、受験勉強一色となって、地域のことなど教える余裕がなかったのです。

ホームレス襲撃事件は、こうした状態に不満を抱えた子供たちと地域が抱えた問題とが絡み合って発生したのです。この時、学校と社会は切り離せない関係にあるのだと、私は強く実感しました。

次に体験したのは、一九七三年のオイルショックの時でした。ある生徒がいきなり私に殴りかかってきたのです。押し問答の末、彼が言うには、「友人のT君が退学になったのは、美術で赤点を付けたからだ」というのです。よくよく話を聞いてみると、T君の家は鉄工所を経営していましたが倒産して、お父さんは、昼は工事現場で、夜はタクシーの運転手をして働き、お母さんは亡くなっていたため、幼い弟と妹の世話をT君がみていて学校に来ることができなかったというのです。T君に対する友情と同情が怒りとなって私に向けられたのです（ちなみに、T君の美術の担当は私ではなかったのですが）。これも国の経済状況の悪化が生徒に及ぼした影響であると言えます。

三つ目の出来事は、一九九〇年代初めのバブル崩壊の時のこと。美術部の女生徒が、「先生、私、学校辞めることにしたんだ」と言う。「お父さんはデザイナーなんだけど、仕事が全然入らなくて、お母さんは『冷蔵庫のひとつも買い換えられる生活がしたかった』と言って家を出て行っちゃったんだ。私はお母さんの気持ちもわかるんです。弟もいるし私が家計を助けなければと思って」と言うのです。これも経済の浮き沈みが、家庭を破壊した一例でした。

これは、今大問題になっている「ヤングケアラー」が昔から存在したことの証でもあります。貧困にあえぐ親に代わって、子供がより年下の子供や祖父母の面倒を見るため、学校生活などに支障が出る、という悲劇的状況は今も昔も変わりありません。悪化する経済状況はいつも若い層を直撃するのです。

さて、同じ学校でのこと。私のクラスに中国残留孤児の祖母を持つ生徒がいました。彼は学年で一番成績の良い生徒で、進路について話し合った時、次のように言いました。「先生、うちの家族が日本に帰ってくるまでに六年もかかったんです。本当に大変でした。だから僕は帰国者のために弁護士になります。でも日本の弁護士資格をとるだけじゃだめで、中国の弁護士資格も必要なんです」と。

この生徒が、卒業式の前の日に友人たちと美術準備室にやってきておしゃべりをしていた時に、明日の卒業式の話になり、「日の丸は、やっぱりやってほしくないですね」と言ったのです。

翌朝、私は仲間の教員二名と国旗掲揚塔の下に立ち、「日の丸」掲揚を阻止しました。教頭が固く結んだ紐を引きちぎって阻んだのです。翌日、神奈川県高等学校教職員組合の書記長が学校へやって来て、「今あなたのことが教育委員会の四階まで上がっています。五階の高校教育課まで上がると処分になります」と伝えられました。首を洗って待っていましたが、五階まで上がらなかったようでした。

この出来事は、日本の負の歴史が、すなわち「日の丸」が中国残留孤児とその家族に大陸侵略の象徴として捉えられていることを教えてくれるとともに、国旗は「日の丸」であってはならないことを示唆してくれました。もちろん天皇賛歌でもある「君が代」も〝国歌〟であってはならないと思います。

以上から、歴史や社会、経済が学校と切り離せないことを証明していると考えることができます。

●学歴差別

私の卒業した高校は、ある県のトップクラスにある公立高校でした。そこでは毎回の定期試験の結果が、上位一〇〇番まで職員室前の廊下に張り出されていました。私は一度もそこに入ったことのない中間をうろうろしている平凡な生徒でした。またその高校では、全員ではありませんが、多くの教員がエリート意識を刺激するような発言をしていました。そして私は、内面に、外に対して優越感を、自分に対しては劣等感を隣り合わせて持った少年に育っていきました。そんな自分に嫌悪感をいだきながら長い間すごしてきましたが、やがて試験結果の上下や学校のランクによって選別されていく制度自体に疑問を感じるようになりました。

中学生の時には既にそうした環境の中にいたのですが、それが当たり前だと思っていたので、その問題を深く考えることができませんでした。しかし当時の生徒間の関係を振り返ってみると、就職していく生徒と進学していく生徒との間には、大きな溝が生まれていたように思います。

そして、教員になって初めてこの学歴差別の問題に向き合うことになったのです。

尾崎豊の「15の夜」が流行って、暴走族が隆盛を誇っていたころの話です。M君という「走り屋」と呼ばれる一人暴走族がいました。この生徒は美術の授業中、何一つ取り組もうとせず、ただ机に突っ伏して寝ているだけでした。一学期も終わりに近くなり、このまま放置しておけば赤点をつけざるを得ないことが気の毒だと思ったので、授業に取り組むよう傍に行って強く促しました。すると、彼は猛烈に怒って、私の胸倉をつかみ壁に何度もドンドンと押し付けて教室から出ていこうとするのです。そこで「逃げるのかよ」というと、自分の席に戻り再び寝始めました。「逃げる」という言葉に、彼の暴走族としての誇りと他の生徒に対する手前、教室から出ていくことができなかったのです。この後、スケッチブックと絵具セットを持って行って、「さあ描け」というと、なんと描き始めるではありませんか。こうして彼は赤点を取ることもなく卒業していったのですが、卒業式の前の日に、美術準備室にやって来て、「先生、あの時は俺が悪かったよ」と言って帰っていったのです。この時、私は教員冥利に尽きる気持ちを味わいました。また同時に暴走族となって反抗する若者の誇りの一端を垣間見たのです。この時彼は、子供から大人へと成長していたのです。

また、美術の授業でクロッキー（短い時間でモデルの形を描く作業）をしていた時のこと。モデルとなる志望者を募集しましたが、誰もやりたがらず困っていた時「先生、脱げ！」と悪戯そうな男子生徒が言いました。そこで「わかった。脱ぐから次は君の番だよ」と、冬の寒い時期でしたが、一〇分ばかり上半身裸になりモデルをしました。「次は君の番だよ。脱がないでいいからどうぞ」というと彼はしぶしぶモデルとなったのです。その後は他の生徒も順調にモデルとなってくれたのでした。

教育学部の友人から、同窓会誌に原稿を寄せるようにという依頼があった時、このエピソードを送り学校格差の理不尽を訴えたところ、学校格差の部分がカットされた結果、この授業のやり方について、多くの同窓会諸士から批判の言葉が返ってきたということでした。

こうした学校で困難が生じる原因として根底に考えられるのは、教員個人の力量ではなく、生徒の中にある無意識的な被差別意識です。「どうせ自分たちは底辺校の生徒なんだ」という潜在意識が、教員への非協力、反抗として現れるという問題だと思うのです。

このような差別・被差別意識を生徒の中に育ててしまうのは、社会が学歴重視でつくられているからです。学歴社会は、資本主義産業経済システムが必然的に必要とする社会制度です。高卒、大卒、大学院卒など異なる学歴集団をつくって序列化し、ホワイトカラー、ブルーカラー、エンジニアなど産業階層社会を作ります。教育制度が差別を生み出しているともいえます。教員はどちらかというと皆高学歴の人ばかりです。だからその意識の中には学歴差別意識が自然と忍び込んでいるように思います。しかし私は、生徒と長い間接しているうちに、それが正しいものではないことを教えてもらったと思っています。「人間の価値は学歴ではない」ということを。まさに教えることは学ぶことでした。

そのよい例としてT君の例が挙げられます。彼は高卒でスーパーマーケットの社員となったのですが、幸いに、その会社は学歴を問題とせず、能力や実績を重視するという方針を取っている会社だったのです。そして、卒業二〇年後には店長になり、三〇年後には執行役員となりました。今、私は彼が店長を務めているスーパーマーケットで毎週弁当を買っています。

●組合運動

私の教員時代の活動として大きな部分を占めていた組合運動について触れてみます。以前は、組合が健全な形で学校の中に存在していたから、学校も教員もそれに生徒も健全に日々を送ることができたのだと思います。組合によって教員がまとまって管理職と対峙することで、管理の強化を止めることができ、校長による恣意的な学校運営も阻止できたのです。組合活動では、私は分会の書記長・分会長として組合をまとめ、月一回の分会代表者会議で、職場新聞の「エミール」を配布して私たちの主張を全県の教員に訴えてきました。年に一回行われる神高教（神奈川県高等学校教職員組合）の定期大会では修正案を、毎年、組合本部に多数提案して組合に対する意見を述べてきました。

ところが、神高教が加盟する日教組（日本教職員組合）が連合（日本労働組合総連合会）に包摂され、文部科学省と協調路線を取るようになるなど、徐々に体制内組合へと変化していくにつれ、どんどんと管理体制が強まっていきました。また「日の丸・君が代」を学校に持ち込もうとする圧力も増幅されていきました。同時に、生徒に対する管理的姿勢も強まっていったのです。制服を着てこない生徒を校門から締め出し家へ帰らせて着替えさせたり、反抗的な生徒を簡単に退学させるなどが日常のこととなっていったのでした。いいかえると、生徒のための学校ではなく、学校のための生徒となってしまったのです。このような状況は、戦後の労働運動の長い凋落の歴史によって醸成されてきたのです。

戦後労働運動の興隆と堕落

そこで、戦後の労働運動について概括してみようと思います。

焼け野原となった敗戦直後の日本では、資本家の力は無くなり、焼け跡から立ち上がったのが労働者たちでした。彼らは自ら工場を再稼働させ自分たちで生産を管理していきました。最初にこの生産管理闘争を行ったのは、なんと今は御用新聞となり果てて久しい読売新聞社です。生産管理闘争は野火が広がるように全国に波及していき、この中からナショナルセンターとして産別会議（全日本産業別労働組合）と総同盟（日本労働組合総同盟）が生まれ、労働運動の統一と前衛を担っていきました。

産別会議と総同盟は生産管理闘争によって生産が再開されると、活動の重点をストライキ闘争へと切り替えていきました。その絶頂が、一九四七年二月一日に計画された「二・一ゼネスト」です。この運動を中心的に担っていたのが、全鉄労、炭鉱労組、教員組合、全逓など官公労働組合でした。しかしこの時、マッカーサー指令によってゼネストが禁止されると、産別会議を後ろから指導していた共産党と、社会党系の総同盟の対立が表面化し運動を弱体化させました。戦前からの日本の労働運動の悪しき伝統であるセクト主義が、ここで早くも露呈したのです。そして吉田茂率いる日本政府は必死のスト切り崩しを開始しました。西尾末広らは社会党右派への働きかけを強め、連立政権に加わることで吉田政権と合意し、総同盟の下部にスト中止を指令したため総同盟はゼネスト不参加を決定したのでした。伊井弥四郎議長は、放送局の中で共産党委員長の徳田球一に諭され、NHKのラジオ放送で「一歩後退、二歩前進」の言葉を全国に流しゼネストは阻止されました。その後共産党によって指導された地域人民闘争が再び失敗に終わると、産別会議は凋落の一途をたどります。一九五〇年六月に朝鮮戦争が始まると、GHQの命令によるレッド・パージ（共産党員及びその同調者の追放）が本格化し、四八年に一二五万人だった組合員数は五一年にはわずか四万人に激減したのです。

一九五〇年七月に結成された総評（日本労働組合総評議会）は、産別会議の衰退の後を受けて日本の労働組合運動の中心勢力としての位置を獲得しました。日本における冷戦体制・日米安保体制確立期の反政府的労働運動として、後の高度経済成長を基盤とした戦後民主主義体制（五五年体制）へのレールを敷くものであったのです。しかし、総同盟や反共産党グループの民同（民主化同盟）、そして産別会議などの諸勢力を内包した総評は、その後の運動の過程でジグザグの道をたどることになりました。ソ連・中国を含む「平和勢力論」を掲げ、企業別組合の弱点を主婦、地域共闘の力で支える「国民総ぐるみ闘争」を唱える高野実と、社会党左派の平和四原則の立場に立つ太田薫との対立を経て、日本の労働組合は太田派の社会党左派の勢力が主流となっていったのです。

一九五六年のソ連共産党第二〇回大会で党第一書記のフルシチョフが行った秘密報告「個人崇拝とその結果について」に端を発したスターリン批判によって、社会主義への疑問が深まるとともに、社会党と共産党の対立が激しさを増していきました。と同時に、総評の労働運動が衰退していく中で、先に社会党右派から分裂した西尾末広らは、民社党（民主社会党）を結成するとともに、官公庁の労組が優位の総評に対し、一九六四年、民間企業労組を中心にした中央組織「同盟」（全日本労働総同盟）を結成しました。これが労働運動の右傾化への第一歩となったのです。

この同盟労働運動が、総評などの労働組合運動を飲み込み一九八九年に生まれたのが、連合（日本労働組合総連合）で、これは戦前のキリスト者、鈴木文治の博愛会による労働運動が国家主義・民族主義の高まりと共に、産業報国会に飲み込まれていった過程と瓜二つです。ここから戦争への道が開かれていったことを考え、連合が産業報国会の轍を踏むことにならぬよう注視しなければなりません。

とはいえ二つの労働運動が同じ軌跡を辿ったのは偶然ではありません。いずれも賃金闘争に限定し頽廃して、社会運動としての役割を放棄したことによります。今やその賃金闘争さえも官製春闘などといい、政府を通じ経済団体にお願いしなければ賃金アップできないほどに、堕落してしまったのです。

私が所属した日教組は、当初、連合内で左派として闘うと表明して、反対する組合員をなだめて合流したのですが、今や文部科学省の言いなり、御用組合化していきました。そしてこの時点から「教育の市場化」が始まり、教育の現場が「人間市場」となり、教育が儲けの手段と化したのです。教員の勤務条件がとめどもなく悪化していったのも時を同じくしています。

文部科学省の調査によると、二〇二〇年に「心の病」が原因で休職した公立学校の教職員は五一八〇人です。前年度から二九八人減ったものの、四年連続五千人を超えます。この結果を生んだのは教員の労働環境の悪化であることは明らかです。そしてそれを許したのが、日教組運動の頽廃なのです。

第二章

強まる「日の丸・君が代」の強制と植民地支配の実態

「日の丸」

強制の背後にある資本主義

一九九九年八月、「国旗・国歌法」が成立しました。それ以前の一九九六年、文部科学省は公立学校の教育現場に「日の丸・君が代」を実施するよう教育委員会に通達を出していました。しかし、反対派は憲法一九条の思想・良心の自由に反するとして反対し、各地で反対運動が起こっていました。一九九九年、広島の高等学校長が教育委員会と教職員の板挟みになり自殺するという事件が起こります。これを口実として、時の小渕恵三総理は「国旗・国歌法」を国会に上程したのです。国会答弁で小渕総理は「『国旗・国歌』に関しては義務付けを行うことは考えておりません」と述べました。また、当時の野中広務官房長官も「学校現場に強制するものではない」と記者会見で大見得を切りました。ところが、文部科学省（政府）の意を体した教育委員会は、学校長に「日の丸・君が代」を実施するよう指導（命令）したのです。政府は二枚舌を使ったわけです。

●なぜ「日の丸・君が代」がいけないのか？

「日の丸・君が代」を国旗・国歌として強制的に掲揚し斉唱することが、なぜいけないのか。それは植民地侵略の象徴として、明治以来日本政府によって使用されてきたから、憲法の規定する思想・信条の自由に反するから、ということだけではないのです。最も大切な理由は、「日の丸・君が代」を国旗・国歌として宣揚することが、国家主義・民族主義を煽ることにつながるからです。

現在の世界は、いまだ資本主義を克服できていない世界です。資本主義とは、固定資本（生産手段）と流動資本（原材料と労働力）を投じ、商品を生み出して利潤を獲得し膨張する経済システムです。今や、資本を海外に投下し、新帝国主義国家として膨張していくために、国家主義を強固なものにしていく必要があるのです。こうしたなかで「日の丸・君が代」の強制が必須条件となっているのです。

そこでは必ず労働力の搾取が行われています。では搾取とはどういうものなのでしょうか。

●「労働」の仕組み

そもそも一日の総労働は必要労働と剰余労働[※1]に分かれています。必要労働は労働者が受け取る賃金部分を生み出す労働を、剰余労働は賃金部分以上を生み出す労働を意味し、資本家は後者を自分の取り分として全てを奪っています。例えばあなたが一日一〇時間働いて、一万円の商品を生産したとします。しかし賃金は五〇〇〇円しかもらっていません。この場合、資本家は残りの五〇〇〇円を丸々搾取したことになります。搾取率は五〇〇〇円÷五〇〇〇円＝一・〇〇ですから一〇〇％。もし賃金が四〇〇〇円なら、六〇〇〇円÷四〇〇〇円＝一・五〇で、搾取率は一五〇％となります。

この搾取率を高めるため資本家はあらゆる手段を駆使しています。一つは労働者を解雇して賃金を抑える方法です。高度な機械設備を導入して生産性を高めればより多くの利潤が得られ、原材料も安い地域から輸入すれば投資額を節約できます。さらに、もともと労働者とその家族を養うに足る最低の賃金（流動資本）によって雇っている労働者ですが、これを、より安価な賃金で労働力を雇える地域（中国、東南アジアなど）に工場を移転して、労働力を搾取するという方法も取られるようになりました。

この方法は、戦前の野蛮な帝国主義とは異なる新帝国主義であるといえます。そもそも他国に資本を投下して、その国から剰余価値を搾取する政体を帝国主義といいますが、戦前までの帝国主義は、武力を行使して侵略を行いました。一方、戦後は平和的に経済侵略をすることによって自国の利益を拡大しています。これを新帝国主義というのです。

こうして工場が海外に移転し、産業の空洞化が進む現象は、日本では二〇〇〇年代に始まった経済のグローバル化によって促進されました。その結果、国内では工場移転によって取り残された労働者が、様々な職種の非正規労働者となったのです。その割合は、日本の労働人口の四割にも達します。先述のように、元々賃金とは、労働者とその家族を養える金額であるはずです。ところが非正規労働者の賃金は、本人一人がギリギリ生きていける金額でしかないのです。したがって非正規労働を担う若者の世代は、結婚をあきらめざるを得なくなり、少子高齢化にますます拍車をかけることになるわけです。

同時に、その国内労働力の不足を補うのに政府が導入したのが、低賃金・長時間労働が前提の技能実習制度と留学制度なのです。これは外国人労働者の労働を搾取して使い捨てにする目的で作られた制度だといって過言ではありません。その証拠に、各地で賃金の未払い事件が発生しており、苛酷な労働環境から逃げ出す実習生が多数現れているのです。おまけにこうした人々は犯罪者として扱われ、入管施設でスリランカ女性のウィシュマさんのようにひどい扱いを受けることになるのです。

付記すれば、ウィシュマさんは二〇二一年三月に亡くなってしまいました。私は彼女を収監していた名古屋入管による業務上過失致死と考えています。ともあれ、二〇〇七年以降、入管施設では一七人の外国人が病気や自殺で亡くなっています。

「排外的」

国家主義と民族主義

二〇一五年、第三次安倍内閣は、平和安全法制関連二法案を閣議決定し成立させました。この法律によって日本は「密接な関係にある他国（アメリカ）」の軍事支援のために自衛隊を海外に派遣できるようになりました。これは憲法九条を骨抜きにするものです。憲法改正をすることなく閣議決定という姑息な方法によって国民の目をあざむいて成立した法律なのです。こうした法的準備が整えられた中、民主主義的な市場資本主義帝国主義国であるアメリカと、中国共産党のような党官僚が支配する国家資本主義の帝国主義国である中国との覇権争いが勃発しました。森友学園、加計学園問題や桜を見る会問題でウソをついても一向に恥じることのない元首相が、台湾問題では「台湾の有事は日本の有事だ」などと公言しています。また自民党内部では北朝鮮や中国の脅威論から「敵基地攻撃能力」が公然と議論されています。

●「国家資本主義」とは

旧ソ連では革命後の一九二一年に、市場経済を拡大する市場資本主義の新経済政策（NEP）を導入しました。その後、二九年に始まった第一次五カ年計画によって生産手段（土地や工場など）は国有化され、この間、工場でも農場でも相変わらず労働力の搾取が行われました。また、国家による作物の強制収奪によって、何百万もの農民が餓死するという悲劇を引き起こしました（ホロドモール）。

このように国家が資本（生産手段）を所有し、労働者を搾取する体制を国家資本主義といいます。これを指導したのが共産党の党官僚たちでした。そして政権内部の権力闘争によって、必然的に独裁体制に転化しました。それがスターリン体制だったのです。

中国も全く同じ体制であるといえます。国内では農工といわれる労働者の労働力を搾取して経済発展を遂げてきました。しかし国内の経済格差を覆い隠すことができなくなった現在、習近平は「共同富裕」などという政策で、あたかも平等化を図ろうとしているかのように見せかけています。そればかりでなく、「一帯一路」などという巨大経済圏構想をぶち上げて経済的侵略の触手を世界中に伸ばし、外国の労働者を搾取しようとしているのです。

旧ソ連に話を戻しますと、スターリン後も何人もの独裁者の統治が続いたのち、生産性の向上がみられない硬直化した社会の中で、経済力は落ち込んでいきました。その結果、一九九一年にソ連崩壊が起きました。その間、スターリン体制の中で弾圧組織として強大な力を持つようになったのが、KGB（ソ連国家保安委員会）でした。プーチンはKGBの職員としてソ連の崩壊を目の当たりにして、旧ソ連の失地回復と自己の権力維持のために、ウクライナの侵略に踏み切ったのです。

この事態は、ロシア資本主義が新たに専制的帝国主義として発展した結果といえます。このタイミングで国際紛争に日本が巻き込まれるようなことになれば、再び戦争へ突き進む可能性が出てくるでしょう。

右派知識人による歴史修正主義、ネット右翼によるヘイト・スピーチ、アメリカ軍基地に反対する沖縄への差別などにみられるように、日本社会は急激に国家主義・民族主義の傾向を強めています。

こうした世界情勢と国内情勢の中での「日の丸・君が代」強制は、国家主義・民族主義を宣揚し、再び戦争への危機を高めることになるから反対しなければならないのです。何しろ日本には、「日の丸・君が代」が、戦前・戦中に侵略の象徴として使われた前科があります。それは、アジアの人々に与えた惨禍がいかに甚大であったかを振り返ってみれば理解できることです。

征韓論から朝鮮の植民地化へ

明治初期、維新後の征韓論から始まり、富国強兵によって軍事力を蓄えた日本政府は、欧米列強に追いつこうと、帝国主義の道を踏み出します。資本主義が発展するためには、大量生産に必要な資源とそれによって生まれる商品の販路を確保し、需要を生み出す必要があります。当時の先進資本主義列強は、野蛮な武力を行使して植民地獲得競争をしていました。明治の日本は、遅れてきた帝国主義国として、始めに清国と朝鮮の利権をめぐって争い日清戦争（一八九四年〜一八九五年）に勝利し、台湾を獲得します。次いで朝鮮をめぐって、日露戦争（一九〇四年〜一九〇五年）をしたのです。

その間の一八九五年一〇月八日、ロシアの勢力に頼る李氏朝鮮の国王高宗の王妃閔妃を三浦梧楼らが暗殺した乙未(いつび)事変が起こりました。その後日本は朝鮮半島の支配を強め、ついに一九一〇年朝鮮半島を併合するに至ります。当時の朝鮮は日本の江戸時代のように人々のほとんどは零細自作農民として少数の貴族「両班(ヤンバン)」に仕えていました。この時の農民が小作農に零落し、小作料高騰のため大量に離村したのです。これらの人々の中の約四〇〜五〇万人が生きるために、日本へ渡って生活するようになりました。これが今日の在日の人々のルーツなのです。

この他八〇万人が満州へ移住したのですが、現地の中国人と争いが起きます(一九三一年、万宝山事件)。満州を占領していた関東軍は朝鮮人移民を日本統治民として保護し、中国人を弾圧したのです。

ソウル大学の李栄薫教授によると、一九一〇年の朝鮮併合後に設立された統治組織である朝鮮総督府が接収した土地は、全体の一〇%に達するといわれています。朝鮮半島で日本は、神道を強要し、姓名を日本式に変更させる創氏改名を行い、日本語による教育を強制するなど、暴力的な統治をおこなっていったのです。

今日、日本政府や歴史修正主義者は、一九一〇年の日韓併合は対等な条約によって行われたのだと主張し、植民地支配はしていないと言っています。ですが、当時韓国は既に日本の保護統治下に置かれており、外交権を失っていて対等な条約をむすぶ権利を奪われていたのです。それでも併合条約という形にこだわった理由は、伊藤博文が安重根(アンジュングン)に暗殺されるという事件が起こったため、韓国国民の抵抗を恐れたからです(和田春樹『韓国併合 110年後の真実 条約による併合という欺瞞』岩波ブックレットNo.1014より要約)。しかし、実際には植民地化が着々と進められており、寺内正毅が朝鮮総督に就任すると、露骨に植民地支配を断行していったのです。

韓国徴用工問題

第二次世界大戦中、日本の統治下にあった朝鮮および中国では、不足していた労働力を賄うため、人々が強制的に動員され、奴隷のように働かされました。動員には、次の三種類がありました。

一、募集による動員：一九三九年八月「朝鮮人労働者募集並取扱要綱」（朝鮮総督府）
二、官斡旋による動員：一九四二年二月「朝鮮人内地移入斡旋要綱」（朝鮮総督府）
三、徴用による動員：一九四四年四月「移入朝鮮人労務者ノ契約期間延長ノ件」（官斡旋は二年契約であり、無期限で労働させるため）

これらの三種類の動員は、結局どれも人権を無視した奴隷労働であったといえます。この他、一九四二年八月「移入朝鮮人労務者逃亡防止対策要綱」、一九四五年六月「徴用忌避防遏取締指導要綱」（朝鮮総督府、徴用忌避があった場合、その家族、親族、隣組から代わりに人をださせる）などがありました。

労務動員数について、残っている資料から人数を推定してみましょう（竹内康人『韓国徴用工裁判とは何か』岩波ブックレット№1017より要約）。

一、一九三九年～一九四三年：四九万二九五五人「労務動員関係朝鮮人移住状況調」（一九三九年～一九四三年の動員総数）

二、一九四四年度：二九万人「昭和一九年度新規移入朝鮮人労務者事業場別数調」

三、一九四四年一二月まで：六五万一一四一人「内地樺太南洋移入朝鮮人労務者渡航状況」（朝鮮総督府鉱工局勤労動員科資料）

四、一九四三年一月～一二月：三〇万人以上「半島人労務者供出状況調」（石炭統制会文書）

五、軍務動員：朝鮮人軍人・軍属の動員数、陸軍約二五万七千人、海軍一二万人、合計三七万人以上（一九五六年六月七日付外務省アジア局第一課調「朝鮮人戦没者遺骨問題に関する件」）

●企業への強制動員

一、日本製鉄（八幡製鉄、北海道輪西製鉄、釜石製鉄、朝鮮兼二浦の三菱製鐵、九州製鐵、神奈川の富士製鋼、東洋製鉄、大阪製鉄）：合わせて八千人以上。

二、三菱重工業：長崎造船所六千人、広島造船所二八〇〇人、神戸造船所二千人。三菱名古屋航空機三〇〇人（一九四四年五月、十二歳から十五歳の女子が集団連行されました。彼女らは甘言、脅迫、欺罔によって挺身隊に志願させられ、貧しい食事、外出や手紙の制限、給料の未払いなどの虐待を受け、戦後は従軍慰安婦と混同される被害を受けたのです。一九九九年、彼女らは三菱重工に対して損害賠償請求を名古屋地裁に起こしました。二〇〇七年名古屋地裁は請求を棄却したものの、三菱の不法行為の責任を認めたのです）

三、三菱広島機械工場：京畿道平澤の警察署に一〇〇人余りが集められ、広島の三菱に連行されました。朴昌煥は、八月六日被爆しましたが、生き延びて、工場の正門で軍人から罹災証明をもらいました。戦後広島に戻り、三菱労務課に未払い賃金の支払いを求めましたが、支払われませんでした。

●強制労働の実態

一、一九四四年、霊光郡における北方要員の動員：千島、樺太での軍務動員一〇〇人の徴用命令に対し、三六人しか集められなかったため、さらに一二〇人の徴用を割り当て、警察や職員を総動員し、「寝込みを襲い」、「田畑に稼働中の者を有無を言わさず連行」し、八四人を輸送しました。（『韓国徴用工裁判とは何か』16頁）

二、一九四四年五月、北炭夕張炭鉱・三菱大夕張炭鉱・北炭平和炭鉱の三者は、共同して逃走者を監視しました。五月二二日の早朝、三人の朝鮮人が逃亡して監視員と格闘となり、棒切れで前額を殴られた一人が死亡しました。企業と警察は共謀してこれを隠蔽しています。（同17〜18頁）

三、一九四〇年一月、長野県王滝の木曾発電工事現場で、逃亡した朝鮮人を雪の中で裸にして立たせ、私刑を加えたため、同僚の朝鮮人が大挙して暴行者の居宅を襲撃。朝鮮人は住居侵入と傷害罪で検挙。現場監督と暴行者は厳重戒告のみで処理されました。（同19〜20頁）

●被害回復のない戦後処理

一、未払金供託（同35頁）

供託とは、企業が日本政府に未払金を渡すことで、企業側が債務を免れることになる制度です。未払金の多くが供託され、動員された人々には返還されなかったのです。供託にむけ、厚生省勤労局は各府県に調査を指示し、企業ごとに朝鮮人労働者の名簿と未払金額を作成させ集約しました。この調査記録が「朝鮮人労務者に関する調査」であり、一六府県分が発見されています。

一九五〇年一月一〇日の「朝鮮人の留保された資金」（GHQ覚書）では、朝鮮人関係未払金を二億三七〇〇万円としています。（同36頁）

●日韓請求権交渉と日韓請求権協定締結（一九六五年）

二〇一八年の韓国大法院判決は、日本製鉄、三菱広島、三菱名古屋訴訟で原告勝訴の判決を出します。これに対して、日本政府は一九六五年の日韓請求権協定の第二条一項「財産、権利及び利益と請求権が『完全かつ最終的に解決されたこととなる』」、第二条三項の「財産、権利及び利益とすべての請求権に関していかなる主張もすることができない」を根拠として、韓国大法院の判決に真っ向から反対し、国際法上許されないなどと言って取り合おうとしていません。

しかし、この「すべての請求権が完全かつ最終的に解決した」のは、「韓国側の財産の請求権に関する韓国政府の外交保護権」のことであって、「個人の損害賠償請求権」は消滅できないものなのです。

外務省条約局法規課の書記官で、会談代表補佐として請求権問題を担当した、皇后雅子の実父、小和田恆氏は次のように述べています。

原則は全部消滅させたのであるが、その中で消滅させることがそもそもおかしいものがある。「理論的に言ってどこまでのものを消滅させ、どこまでのものを生かしたらいいのかという問題と政策的に言ってどこまでのものを消滅させなければいけないのかという問題」があった。そこで、「『請求権は放棄する』と書き、説明として外交保護権の放棄であるということにした」。

（『韓国徴用工裁判とは何か』44頁）

したがって、「個人損害賠償請求権」は消滅しないのであるから、日本政府と日本企業は朝鮮人徴用工に損害賠償しなければならないのです。

日韓協定によって賠償されたのは、無償三億ドル、有償二億ドルの日本の機械、品物などの役務賠償で、韓国の動員労務者には一銭も支払われていないのです。おまけに、この経済協力方式は日本の機械や部品の輸出を行うことであり、日本の資本が韓国に入り込んでいく契機となったのです。

「徴用」という言葉は実態を隠すもので強制的奴隷労働です。彼らは「拉致被害者」であるとも言えるのです。

朝鮮人従軍慰安婦問題

●従軍慰安婦とは

韓国人従軍慰安婦について、二〇一五年七月二日付の『朝日新聞』より要約します。

日中戦争開始直後の三七年～三八年、内務省警保局が慰安婦の募集や渡航に関して発したり報告を受けたりした一連の警察関連文書が、九六年、警察大学校で見つかりました。在上海日本総領事館警察署長から長崎水上警察署長に当てた依頼状「皇軍将兵慰安婦女渡来ニツキ便宜供与依頼ノ件」(一九三七年一二月二一日付)、和歌山県知事から内務省警保局長にあてた「時局利用婦女誘拐被疑事件ニ関スル件」(一九三八年二月七日付)の二つの資料からわかることは、中国に展開した中支那方面軍で「将兵の慰安施設の一端」として「前線各地に軍慰安所」を設置するため、慰安婦募集に協力するよう警察や県知事に要請する内容です。上海の日本軍特務機関と憲兵隊、日本総領事館が業務分担協定を締結し、軍の依頼を受けた業者が日本内地と朝鮮に派遣され、「皇軍慰安所酌婦三千人募集」の話を伝えて女性を集めました。事情を知らない日本各地の警察署は、公序良俗に反する人身売買と売春の事業であるとして、業者を取り締まろうとしました。各地の警察の取り締まり方針を知った内務省は、三八年二月、軍の要請に基づく慰安所従業婦の募集と中国渡航を容認するよう通達し、慰安婦の調達に支障が生じないようにしたのです。同時に軍の威信を保つため、軍との関係を隠すよう業者に義務付けることも支持しています(内務省警保局長・町村金吾が各府県知事に当てた通達「志那方面渡航婦女ノ取扱イニ関スル件」）。

また、慰安所が民間の施設ではなく、軍の施設である根拠として、陸軍大臣が日中戦争開始後の一九三七年九月に「野戦酒保規定」という規則を改定した記録が、二〇〇四年防衛庁防衛研究所の所蔵資料から見つかりました。軍隊内の物品販売所「酒保」に「慰安施設を作ることができる」との項目を付け加える内容です（陸軍大臣から陸軍内に通達された「改正野戦酒保規定」一九三七年九月二九日付）。

●従軍慰安婦の集め方

米軍の調査報告書（一九四四年一〇月〜一一月）に次のようにあります。

一九四二年五月初め、軍から慰安所経営を持ちかけられた日本人業者が朝鮮で慰安婦を募集。朝鮮軍司令部は、業者への協力を求める他の軍司令部あての手紙を業者に持たせた。業者はけが人や病人の慰問、高収入、軽労働などというその宣伝で女性を集め、七月一〇日に釜山を出港。朝鮮人女性七〇三人と日本人業者九〇人が乗っていた。八月二〇日に（現ミャンマーの）ラングーンに到着し、女性らは二〇から三〇人のグループに分けられ各地の部隊に配属された。（『朝日新聞』二〇一五年七月二日）

募集の仕方に関して、実際に慰安婦を集めた吉田清治氏は、自著『朝鮮人慰安婦と日本人』（新人物往来社）の中で、対馬の陸軍病院で雑役婦を募集しているなどとウソをついて集めたと述べています。

その後、吉田氏は右翼や保守政治家からのバッシングに遭い、著書の内容は虚偽であることを認めて他界しました。しかし、この懺悔の著書の細部の誤りを取り上げて、事実全体を否定する歴史修正主義のあくどい手口には怒りを禁じえません。

●戦後も続く保守政治

吉田清治氏の著書が提起する、より大きな問題は、巻末にある付録にあります。そして彼が弾圧された理由もここにあるのです。それは朝鮮人従軍慰安婦問題が、日本の国家ぐるみの犯罪である証拠が記載されているからです。戦争犯罪として断罪されることなく、日本の保守政治が現在まで恥じることなく連綿と続いている証なのです。以下付録の一と二から関連項目を挙げてみます。

付録一、　大日本労務報告会要覧（昭和一八年六月）

会則

第三条　本会ハ大政翼賛会総裁ノ統督ノ下ニ政府ト協力シ大日本産業報国会ト緊密ナル聯絡ヲ保チ道府県労務報告会ヲ指導統轄シ勤労報告精神ノ昂揚並日雇労務者ノ適正ナル配置ヲ図リ勤労動員ノ完遂ヲ期スルヲ以テ目的トス

役員

会長　貴族院議員　吉田　茂

顧問　内務大臣　安藤紀三郎

逓信大臣　寺島　健
鉄道大臣　八田喜明
厚生大臣　小泉親彦
企画院総裁　鈴木貞一
大政翼賛会副総裁　後藤文夫
大日本産業報国会会長　平生釟三郎
貴族院議員　丸山鶴吉
陸軍少将　松室孝良
日本商工会議所会頭　藤山愛一郎
日本土木建築工業組合連合会会長　逢沢　寛
日本通運株式会社社長　村上義一
日本倉庫業会会長　三橋信三
参与
厚生次官　武井群嗣・内務省国土局長　新居善四郎・大蔵省主計局　植木庚子郎・商工省総務局長　堀木鎌三・日本通運株式会社社長　村上義一・日本土木建築工業組合連合会理事長　逢沢寛・日本倉庫業会会長　三橋信三・日本港運業会会長　溝部健太　以下略
理事長　三島誠也
理事

内務省警保局長　町村金五・陸軍省整備局長　吉積正雄・海軍省兵備局長　保科善四郎・大政翼賛会実践局長　相川勝六・大日本産業報国会理事長　小畑忠良・北海道労務報国会副会長　地崎宇三郎・東京労務報国会常任理事　島田　藤　以下略

監事

厚生省会計課長　青柳一郎・大政翼賛会総務局会計部長　森元紀美雄・東京労務報国会常任理事武富英一・大阪府労務報国会参与　山本幸枝

評議員

北海道長官　坂　千秋・北海道労務報国会常任理事　三戸卓助

以下、青森県から沖縄県まで同様に県知事と労務報国会副会長が評議員として名を連ねています。但し、東京だけは評議員として、警視総監・薄田美朝が入っています。

付録二、朝鮮人労務者活用ニ関スル方策（昭和一七年二月十三日　閣議決定）

第一　趣旨

軍要員ノ拡大ニ伴ヒ内地ニ於テハ基礎産業ニ於ケル重労務者ノ不足特ニ著シク従来此ノ種労務者ノ給源タリシ農業労力亦逼迫シ来リタル結果応召者ノ補充スラ困難ナル実情ニ在リ茲ニ於テ此ノ種労務者ノ需給ニ未ダ弾力ヲ有スル朝鮮ニ給源ヲ求メ以テ現下喫緊ノ生産確保ヲ期スルハ焦眉ノ急務タリ而シテ従前ヨリ朝鮮人労務者ニ依存セルコト尠カラザリシ土建、運輸等

ノ事業ニ於テモ最近之ニ期待スルコト益々大ナリ〈抜粋〉
（吉田清治『朝鮮人慰安婦と日本人』新人往来者、付録201～227頁）

これらの資料から、第一に戦後最初の長期政権を担った総理大臣であった吉田茂が会長であったことがわかります。そして、戦前・戦後の国家体制が何の反省もなく戦後も続いてきたこと、また戦争の責任を軍部に押し付けて、いわゆる国体が保持され、なんら断罪されてこなかったことが明らかになっています。ここに歴史修正主義などという姑息な主張が成り立つ淵源があったのです。

第二に、大日本労務報国会の行った行為が、国家ぐるみの犯罪であったことが以上の顔ぶれからも証明されます。そして吉田清治氏を脅迫したのが誰であったかが想像できます。

●日本側の対応

一九九一年元慰安婦の金学順（キムハクスン）さんが実名で証言し、日本政府を相手に訴訟を起こしました。

一九九三年八月に河野洋平官房長官が、慰安所設置への軍の関与を認めて謝罪する「河野談話」を発表した後には、五三八点の慰安婦に関する警察資料や戦犯裁判資料が見つかっています。一九九六年アジア女性基金が設立され、それらの資料は公刊されています。

さて、徴用工や従軍慰安婦の強制連行問題に対して、日本政府が取っている姿勢はというと、一九六五年に締結された日韓条約において、日本が五億ドルの経済支援を実施することで、完全かつ最終的な解決が行われたとして居直っています。そもそもこの問題は、金銭を払ったから解決する性質の

「韓国人従軍慰安婦」

ものではありません。強制労働を強いたり、慰安婦として人権を踏みにじったり、日本は国家として取り返しのつかない犯罪を行ったのです。だから何年後であっても国家として謝罪するのが当然の義務です。それに対し、五億ドルを払う条約を結んだので解決済みなどとする政府や、「いつまで言ってるんだ」などと非難する国民がいます。その意識、態度は、到底許されるものではありません。この問題がこじれる原因はそうした政府や国民の態度にあるのです。

また、慰安婦問題についての『朝日新聞』の報道について、池上彰氏が行った批判は、歴史修正主義の側に極めて近い効果を生み出しているといえます。従軍慰安婦についての報道機関の姿勢は、全体的に否定的か及び腰になっているでしょう。真実を報道するというマスコミの使命からするなら、逆に虚偽を振りまいているのと同じことです。戦前のマスコミが国策と国家によって誘導された世論の大勢に沿った報道しかしなかったことで、国民全体を戦争への道へ導く役割を担ったことを考えると、かつての轍を踏んでいると危惧します。世論は過ちを犯すことがあるのです。

中国侵略の実態

中国に対する侵略行為については、戦後二六年が過ぎた一九七一年に中国を訪れて、日本軍が侵略した地を実地調査して刊行された、本多勝一の『中国の旅』(朝日新聞社)に基づいて記述します。

ここには大日本帝国の残虐行為が克明に記述されています。それを取り上げるのは、人間は互いに理解しあい平和に共存することができるとともに、一旦戦争となると、以下に記述するような残虐極まりない行為を平気ですることもできる存在であることを述べたいからです。また「日の丸・君が代」の宣揚が国民世論を国家主義・民族主義へと誘導し、戦争への道を開くきっかけとならないよう、このような潮流や歴史修正主義に反対する必要を訴えたいからでもあります。

●満州における大日本帝国の統治——『中国の旅』より要約と抜粋

・満州における大日本帝国の統治(9〜46頁)

満州事変後の東北地方(満州)の占領政策は、苛酷極まりないもので、新聞、雑誌では「中華」などという言葉の使用などは禁止され、中国の正しい地図の使用も許されませんでした。一般住民には「一〇戸連座法」のような弾圧法が実施されました。住民同士が監視しあうように要求するもので、反日的な人間が一人いても報告されなければ、一〇世帯全員を逮捕し取り調べるというものなのです。税金は考えられる全てのものにかけられ、肉体労働が必要になれば「労工」が手当たり次第に徴用され、死ぬまで強制労働を強いられる奴隷となるのです。遼中県では二一〇人が労工として狩り集められ、半年後に生きて帰ったのはわずか三四人きりでした。

その少ない生還者の一人、呉希忠さんの話です。一九四二年、呉さんのもとに地主の村長がやって来て、「上の方（日本支配者のことをこういった）が、この村に労工五人を割り当ててきた。お前もその一人だ」（19頁）と言いました。呉さんは拒否しましたが、用心棒に強制的に連行されて黒河省嫩江県で戦備工事をさせられました。一行は貨物列車に詰め込まれたうえ、大小便も車内でやらされ、家畜以下の旅をすることになりました。現場ではムシロのテントに収容され、野生の草や、腐った栗、豆カスなどの食事があてがわれ、力がでないので活発に動けず、日本人の監督にしょっちゅう殴りつけられました。ある時二人の労工が脱走したがつかまり、後ろ手に縛られ、木にぶら下げられ、見せしめに棍棒で叩きのめされ、気絶すると水をぶっかけられるの繰り返し。生きている二人は、飢えた軍用犬の餌として檻に投げ込まれ音を立てて喰われました。その後、呉さんら三人は脱走に成功して村に帰り着いたのですが、殺された二人の家族は乞食となり、そのうちの一家族の子供は餓死し、夫人も一か月ほどして息を引き取ったということでした。

一九三六年の奉天警務庁が出した報告によれば、一年に瀋陽だけで一万九千人の中国人が殺されていますが、思想犯、国事犯、スパイ、経済犯、政治犯として、ほとんどが罪名をデッチ上げられ犠牲者になりました。「なぐることなど序の口で、石油を胃に流しこむ、水をホースで腹がふくれるまでパンクしそうなほど注ぎこむ、ローソクで体を焼く、アイロンを全身にかける、熱湯をかける、釘の出た〝針の山〟の箱の中へ裸にして入れる……。殺す段になると、銃殺や銃剣による刺殺などのほか、日本刀による試し斬り、地中への生きうめ、軍用犬に食わせる、生体解剖の実験材料、細菌学の実験材料、石油をかけて生きたまま殺す」（23頁）などの残虐行為にきりがありませんでした。

・満州（瀋陽＝旧奉天）における経済搾取・労働搾取（23～25頁）

麻袋工場では、農産物の略奪品を入れて日本に運ぶための麻袋を生産していました。日本に運ばれた農産物・鉄・石炭などの略奪品をすべて合わせると、一九四三年には瀋陽からだけでも三五〇万トン、一九四四年には四五〇万トンにもなりました。アジア＝ビール工業株式会社の例でみると、生産したビールのほとんどは関東軍にまわされ、一部が日本に運ばれていました。工場で働く中国人労働者は、もしビールを飲んだら殴り殺されます。

市場の独占による搾取もあり、瀋陽では七〇％以上の商品が日本製でした。四軒あった大商店のうち三軒は日本人の経営です。資本金百万円以上の卸売商は一〇〇軒ほどあって、これもほとんど日本人の経営であり、一五〇〇軒ほどあった小売店も同様でした。

税制は、営業税、所得税、人頭税、家畜税、犬税など三〇種にも達しました。また、雇用税というものがあって、どんな最低の仕事であっても雇われさえすれば、安月給の中から年六円を出さねばならない仕組みになっていました。

・満州における教育制度（33～36頁）

瀋陽の占領後、中国人の学校はすべて閉鎖され新教育制度が発足しました。公立の校長は日本人になり、私立も日本人の監督を受けました。新しい教科書は「皇道建国」、「日満一体」といった内容で充満しました。歴史科目の中から中国の歴史は抹殺され中国史と言えば満州史のことになり、授業は日本語。中国語は厳禁されました。日本語を覚えない者は反日的と見なされ、体罰を加えられるのです。道徳の授業では、「共存共栄」、「親隣善邦」、「精神一体」などの言葉によって、「満州国」を日本に一体化させることを目的にしていました。毎日の朝会、毎週の週会には「君が代」と「満州国国家」を歌わされ、「教育勅語」を暗記させられたのです。また、「宮城遥拝」といって北東の日本に向かって毎朝九〇度以上の敬礼をさせられました。当時の学校当局は、特務機関と連絡を取っていたので、生徒も反日の罪でよく逮捕され拷問されました。第三国民高等学校の例では、一四年間に三五人の先生と生徒が逮捕されたうえ殺されています。共栄中学では一九三六年の年末テストで優秀な成績を上げた七人の生徒が、成績が良すぎたことで「思想犯」として囚われ逮捕された例もあるのです。

・マスコミの統制（36～37頁）

瀋陽には「満州日日」、「奉天毎日」の二つの日本語新聞と、「盛京時報」、「醒世報」の中国語新聞がありましたが、いずれも社長や編集長は日本人で、内容は「侵略には道理がある」とするものでした。焚書は一九三二年三月から七月までの五か月間に、瀋陽だけで六五〇万冊が焼かれました。

最もあくどい手段は阿片栽培と売買の公認です。政府公認の阿片専売所は八〇余に達していました。

・満州住友金属工業株式会社の運営（39〜47頁）

一九三七年、住友財閥によって建設された工場は、主として汽車の車輪、車軸、鉱山用小型機械などを作っていました。一九四一年には部品だけで年産二五万トンに達し、一九四五年の敗戦までに中国から奪った利潤は、当時の金額で一一〇〇万円以上になりました。一九四〇年から四五年までの統計によると、合計二五万六〇〇〇トンの部品を作って関東軍に提供しています。敗戦時には工場は日本人の手で破壊され、中国人は失業したのです。

この工場は囚人の懲役労働の場所のようでした。工場に入るときは日本人の守衛に敬礼して、中国人用の門を入り、出勤時間が過ぎると出入り口に錠がおろされ、暗くなって帰宅時間が来るまで外出は許されないのです。安い賃金は、労働所得税、人頭税、生命保険、大東亜聖戦貯金など強制的天引き分三〇％が削られて渡されるのです。

ここでも虐待は日常的にみられ、呉多齢という青年が溶けた鉄を柄杓でかけられ、皮膚が真っ黒になって焼け死んだ例が報告されています。工場内での怪我は治療もなされずクビにするだけなのです。

・矯正院（48〜56頁）

一九四三年、「治安矯正法」と「思想矯正法」の公布直後、瀋陽市大東区に「思想輔導矯正院」が作られました。当時は、三人集まって話をしていれば思想犯となり、米を食べているのを見つかると経済犯になりました。

楊成森さんは、隣家の人とちょっと口論しただけでここに送り込まれ、死体の運搬をやらされました。「一年半のあいだにここへ入れられていた中国人は二〇〇〇人をこえましたが、二〇〇〇人もの人間を収容したことは一度もありません。なぜなら、次々と殺されてゆくからです」（49頁）。この建物の前にあるサツマイモ畑の土の下からはうず高く積まれた白骨が出てくるのです。

・満州医科大学での人間の細菌実験と生体解剖（57〜86頁）

一九三六年から一九四二年まで、ここに在籍していた微生物の主任教授に「北野政次」という医者がいました。北野はそのあと関東軍の陸軍少尉となり、七三一部隊の隊長として中国人に対する数え切れぬ犯罪をおかしています。彼は一九三九年二月、発疹チフス予防接種に関する未発表論文を書きましたが、これは十三人の元気な中国人の体を使って病原体を伝染させ、その後生きたまま解剖した研究の結果です。この論文は敗戦後、「満州衛生技術廠」の河野通男という同廠第四研究室の主任研究員の遺書とともに発見されました。北野は医学雑誌『日新治療』の第二九五号（昭和一七年九月号）に「発疹『チフス』及び満州『チフス』の予防並びに治療に関する研究（二）」という論文を発表し、上記の未発表論文のタイトルを引用しているのです。

当時、満州ではチフスが流行しており、そこへ攻め込む日本軍がこれにかからぬようにするため、中国人を使って人体実験をしたのです。開発したワクチンは「満州衛生技術廠」が生産を行い、一か月前にワクチンを接種して軍隊を送り込むと効果が大きいと報告されています。

・実験の記録（ワクチンの予防接種をせずにチフス菌を注射した二例。『中国の旅』61頁より引用）

▼第十二例「宗〇耀」——男。七四歳
（死刑犯人）
〈接種九日目〉少し頭痛、疲労感。
〈一一日目〉突然発熱　三十九・六℃
〈一四日目〉四〇・二℃
〈一六日目〉生きたまま解剖して体内の様子を研究。（グラフでは体温曲線がここで切れ、この日「処置」と書きこまれている。）

▼第一三例「曹〇光」——男。六六歳
（死刑犯人）
〈接種一〇日目〉頭痛。
〈一三日目〉発熱三八・九℃
〈一四日目〉発汗。三十七℃に下がる。本人も「楽になった」という。この日すぐに解剖。（グラフではやはり「処置」と記され、曲線が切れる。）

▼ワクチンを注射した十一人のうち五人が発疹チフスにかかった。本当に発疹チフスかどうか確かめるために、その中の一人を生体解剖。

北野はその後、哈爾浜(ハルビン)で石井四郎部隊長の七三一部隊の後任となり、細菌兵器の製造を指揮しました。一九四四年、中国の江南地方でペスト菌をつけたノミを飛行機からまいたと、ソ連の戦犯裁判記録で関東軍の山田乙三司令官が証言しています。そして一九四五年に帰国し、一九六九年の日本の医学雑誌『日本医事新報』(第二三八号)に「防疫秘話」という随筆を載せ、あたかも動物実験だけでチフス研究をしたかのように描いています。

・生体解剖による脳の標本作り(68〜82頁抜粋)

一九四二年の東北帝国大学解剖学教室の「紀要」第二五号から抜き刷りした英語論文に、満州医科大学解剖学教室の鈴木という主任教授ら五人による「中国人の脳の生物学的研究——第一部」一四〇頁「材料及び方法」の章で、「新鮮な人間の脳」から取り出したという記述があります。次が一連の論文です(『中国の旅』72頁より)。

・「北支那人大脳皮質、特に側頭葉の細胞構成学的研究」(満州医科大学解剖学教室「竹中義一」日本解剖学会『解剖学雑誌』第二一巻第一号、昭和十八年一月一日発行)

・「志那人大脳皮質、特ニ側頭葉部ニ於ケル細胞構成学的研究」(同教室「大野憲司」同誌第十九号、昭和十七年六月一日発行)

・Histological Study of the Chinese Brain, PartIII, On the Cytoarchitectural Structure of the Regio Parietalis (「テルイ=セイニン」ら六人=Reprinted from The Japanese Journal of Medical Science,

PartI, Anatomy, VolX, No.2, Tokyo, 1942=Published : The National Research Council of Japan）

・「北支那人大脳皮質、特に旁嗅野、胼低体下廻転、外側嗅廻転、半月状廻転、嗅野、島横廻転及び島閾に於ける細胞構成学的研究」（①と同じ筆者、①と同誌第二巻第二号、昭和十九年二月一日発行）

・「北支那人大脳皮質の細胞構成学的研究——人類学的文献に対する試論的批判」（同教室「鈴木直吉」『日新医学』第三二巻第七号、昭和十八年七月発行）

・Zur Kenntnis der Cytoarchitektonik des Idusium bein Menschen（同教室「テルイ・セイニン」③と同誌PartI, Anatomy, Vol.IX, No.3, Tokyo, 1944）

・「北支那人大脳皮質——特に帯回転の皮質構成に就いて」（同教室「五十嵐稔」①と同誌、第二二巻第五号、昭和十九年五月一日発行）

・「北支那人脊髄特に頸髄及び胸髄の細胞構成学的研究」（同教室「土岐勝人」＝「満州医科大学解剖学教室鈴木研究室業績集」）

これらの論文に使われている写真や顕微鏡用のプレパラートが、敗戦後の医科大学のタンスから発見されています。

・南京大虐殺（255〜266頁）

南京大虐殺が、一般日本人に最初に明らかにされたのは、東京裁判においてでした。

一九三七年一二月一二日、日本軍は南京に侵攻しました。この時国民党の蒋介石軍は一〇万人以上が城内にいました。徹底的に抗戦すれば侵攻を阻止できたかもしれないのですが、高級将校は家族を連れて真っ先に城外に逃げ出し、「挹江門」と「中央門」は外から締められたのです。こうすれば自分たちは舟を独占できるからです。二つの門に押し寄せた群衆や敗残兵を、日本軍は機関銃、手榴弾などを使って虐殺しました。歴史上まれにみる惨劇は、翌年二月上旬まで二か月に及びます。殺された人数は、東京裁判では十一万九千人ですが、これは明白な証言に基づくものだけなのです。蒋介石政権の発表では四三万人（市民二三万人、軍人二十万人）としています。南京城内だけでなく周辺の地域でも虐殺は続いたので、少なく見積もっても三十万人はトらないでしょう。日本兵に見つかった婦女子は片端から強姦を受けました。強姦された相手が裸で泣いている横で、自分も並んで記念写真を撮ったもの、強姦の後腹を切り裂いたもの、その後に局部に棒を突き立てた写真など、多くの写真が残っています。

集団虐殺①　二千人の中国人を倉庫に押し込め、十人ずつ銃殺隊の列の間を百メートル走らせ、その間に銃殺していく。この方法で行われた虐殺は何か所にも及んでいる。

集団虐殺②　十二人ほどの人の腕を縛って円形にして繋げ、外側を向いて立たせておいて、その真ん中に手榴弾を投げ込んで殺す。

集団虐殺③　複数の人々に穴を掘らせ、その人々を生き埋めにする。

集団虐殺④　野田毅少尉と向井敏明少尉は上官にけしかけられ百人切り競争を始めた。この件は「東京日日新聞」の昭和十二年十二月十三日付紙面に次のように掲載されている。

［紫金山麓にて十二日浅海、鈴木両特派員発］
南京入りまで、〝百人斬り競争〟といふ珍競争をはじめた例の片桐部隊の勇士向井敏明、野田毅両少尉は十日の紫金山攻略戦のどさくさに百六対百五というレコードを作って十日正午両少尉はさすがに刃こぼれした日本刀を片手に対面した（263頁）

これは写真入りで報道されました。その後二人は蒋介石軍によって処刑されました。

・万人坑（147〜176頁）

瀋陽と大連の間に大石橋という町があります。ここに日本の企業「南満州鉱業株式会社」が、マグネサイト鉱山を一九一三年に開発しました。一九一八年から本格的採掘が始まり、一九三一年の満州事変からは政治的かつ暴力的略奪になっていきました。年産は一九三七年に二八万トン、一九四五年の敗戦までには一五四の窯で約五十万トンとなりました。三十年近い間に略奪されたマグネサイト鉱は、一千万トンを超えるものと推定されます。

ここで働かされた中国人はどんな人達か、大別すると次のようになります。

①少年工と女工（三四〜三五％）——これが最も多かったのは、労働力はおとなと大差がないのに、賃金は半分から三分の一で使うことができたから。

②いわゆる「華工」（三〇％）――山東省・河北省、ひどい例では四川省のような遠くから、失業者や貧しい農民らを「いい条件で働かせる」とだまし、募集してつれてきた人びと。

③臨時工（二五％）――比較的近くの、植民地政策で破産した農民たち。毎朝のように「使ってくれ」と押しかける。一〇〇〇人来ても一割くらいしか雇わない。ひどい労働だとわかっていても、餓死よりはいいと思って、仕方なく応募している。

④里工（一〇％）――大工とか左官などのような技術を持った職人。これは前三者よりわずかに待遇がよい。

以上のほかに、賃金なしのタダでこき使うことのできる労働者群が次の三種である。

①犯罪人――囚人の懲役労働だが、犯罪といっても、コメの飯を食ったから（経済犯）だの、三人かたまって話していたから（政治犯）だの、常識的「犯罪」の限界をはるかに超えるケースがほとんどだった。

②労工――強制連行で狩り集めてきた者。まるで「奴隷狩り」のようにつかまるか、あるいは地主の命令で村の「割当て」として〝寄付〟されて連行された者。

③勤労奉仕隊――満州国の軍隊の兵役検査で不合格となったため、徴用のかわりに服役させられた者。（155頁～156頁）

「有賃金組」の賃金は、大人が五十～七十銭、女工と少年が十八～三一銭。この低賃金は実際の労働価値の六％にすぎず、後の九〇％余りは搾取されました。その六％も二割は頭目のピンハネ、残りの半分は一般の価格より高い商品しか置いていない鉱山の売店でしか使えない切符で支払われたのです。残ったわずかな現金は、「大東亜戦争支援献金」、「報告献金」などで天引きされ、最後に残った現金は頭目への年末年始、節句ごとの「お礼」として消えてしまったということです。

次に労働の実態はというと、労働時間は時計ではなく、星が基準とされました。星が消える夜明けに出勤し、星が出始めるまで働く、したがって冬で十二時間、夏で十五時間を超えることがありました。

家畜以下の食事で重労働を毎日続けると、どんなにたくましい青年でも短期間で衰弱してゆきます。こうして亡くなっていった人々の人数は、四年で三万人と推定されます。この人々の死体が投げ込まれたのが万人坑なのです。大石橋には「虎石溝」、「馬蹄坑」、「高荘屯」の三つの万人坑がありますが、このうち「虎石溝万人坑」は参観できるように施設が整えられています。手足を針金で縛られた骸骨の層が何層も積み重ねられて掘り起こされており、その高さは何メートルとも知れぬ高さなのです。

この他、虐殺が起きた地としては、撫順炭鉱があります。ここは「南満州鉄道会社」が経営しており、安全対策が全くとられておらず、坑内で爆発事故が起きると、中国人労働者を中に残したまま出入口を塞いでしまうなどしました。

一九三二年、約三千人の村人が皆殺しにされた撫順近郊の平頂山事件、一九四一年には防疫惨殺事件が起きています。

●加害の歴史を知ること

こうした日を覆うような残虐行為をわざわざ記述したのは、戦争の悲惨さを知るのと同時に、日本人がとかく戦争の被害を訴えることが多く、自らが他国の人々に与えた惨禍に無頓着であることをかえりみる必要があると思うからです。戦後、戦争責任を軍部だけに押し付けて、日本国民は「我々は騙された」と言って被害者意識のみを強調していきました。しかし「騙された責任」は国民の側にもあるのです。真珠湾攻撃の時には、日本国民はこぞって戦意高揚に酔い痴れたのではなかったでしょうか。

今再び、中国との緊張が高まり、日本の安全保障の強化が叫ばれ、「敵基地攻撃能力」や、「台湾有事は日本の有事」などと軽々しく言う政治家が増えていますが、一旦戦争となったら、同様の悲惨が待ち受けています。

教育行政の反動化の実態

●「日の丸・君が代」と憲法

本章冒頭でも説明しましたが、「日の丸・君が代」を宣揚することが、国家主義・民族主義を煽り、戦争の呼び水となることが考えられるからこそ、そうした行為に反対しなければなりません。反対しなければならない最後の理由として、憲法第一九条の「思想・良心の自由」に反するということを挙げます。この条項は基本的人権の柱の一つであり、長い歴史によって積み上げられてきた、人種や民族の枠を超えた人類の貴重な遺産なのです。

紀元前八〇〇年～二〇〇年の間、紀元前五〇〇年ごろを中心に、人類はそれぞれ独自に、人間としての意識を自覚しました。それは孔子の仁愛、仏陀の悟り、ギリシャ哲学の理性として現れてきたのです。この黄金時代から我々が学ぶことができるのは、人類は、人種・民族を超えて、人間相互の理解可能性が生まれたということです。すなわち人間は、話し合うことによって、互いに理解しあうことができる存在だということです。その際の話し合いの指標となるのが、基本的人権という普遍的価値なのです。これについては「第四章　探訪！　教育理念の歴史」において詳しくその成立の過程を述べようと思いますが、現在、基本的人権が完全に実現されている国や地域は、世界のどこにもありません。

●「日の丸・君が代」裁判

一九九九年以後、「日の丸・君が代」の国旗・国歌としての法制化に対して、日本の各地で様々な抗議運動が起こり、憲法違反であるとして裁判が起こされましたが、二〇一三年ごろまでには次々と敗訴していきました。「日の丸」の法制化が一定程度定着すると、次は「君が代」斉唱の際に、職員全員の起立を強制するに至ったのです。起立しない職員は名前が教育委員会に報告され、定年退職後に任期を定めて再雇用する再任用対象者から外されるなどの攻撃がなされました。

私の勤務していた神奈川県でも同様に、不起立教員の名前が県教委によって集められ、校長が注意するようになり、その後県教委による訓告などの処分が課されるようになっていきました。それに対して私たちは、神奈川県の個人情報保護条例によってできた個人情報保護審査会の二つの委員会に県教育委員会の不当性を訴えました。この二つの委員会は県教委の行為を不当と認めたのですが、県教委はこれらの勧告を無視して不起立者の名前収集をやめませんでした。

一九六六年に採択されたユネスコ（国連教育科学文化機関）の「教職員に関する勧告」の「八、教員の権利と責任」八〇条に「教員は市民が一般に享受する一切の市民的権利を自由に行使すべきであり、かつ、公職に就く権利を持たなければならない」という条項があります。これはかつて教育が戦争の道具として利用された事実に鑑みて、教員の自由な意見表明などの権利を保護するために作られたものです。再び「国旗・国歌」が宣揚される時代となり、政治による教育への介入が強まる今、思い起こすべき条文であると思います。

●政治の教育への介入

こうした県教委の暴挙は、政府の教育行政に起因していることは明らかです。改正前の教育基本法第一〇条・教育行政第一項「教育は、不当な支配に服することなく、国民全体に対し直接に責任を負って行われるべきものである」という条文は、戦前の教育行政によって多くの若者が戦争に駆り出された反省の上に作られたものでした。二〇〇六年の教育基本法改定ではこの条文は「教育は不当な支配に服することなく、この法律及び他の法律の定めるところにより行われるべきものであり、教育行政は、国と地方公共団体との適切な役割分担及び相互の協力の下、公正かつ適正に行われなければならない」と改悪されたのです。この意味するところは、教育行政の中央集権化であり、国民全体に直接責任を負わず、国民のための教育ではなく国のための教育を行うということです。

教育行政による政治介入がさらに強まる中、神奈川県高等学校教職員組合の有志二三人は、二〇〇八年に、県教育委員会を被告として「君が代不起立・個人情報保護裁判」を起こしました。私も原告の一人として、七年間闘いましたが、一審、二審とも敗訴し、最高裁では上告棄却となって負けてしまいました。日本には司法の独立を保障した三権分立はないのです。

この後も、教育現場への管理統制は様々な形で強められていきました。まず、夏休みなどの長期休暇期間の勤務時間の厳格化、長期休業中に自己研修として有給で学ぶことのできる研修制度の剥奪などです。一日の終わりには、教頭や副校長が早く帰る職員がいないか見張るようにもなっていきました。

教員免許更新制度の導入もその一つです。これは教員の自腹で、三十時間の講習を受けなければ免許が更新されないというもので、多忙化の要因となっていきました。二〇二一年になってこの制度の欠陥に気づいた文部科学省は廃止を決断したようですが、それは退職した教員を再任用する際に免許更新をする必要が生じ、教員不足に陥ったからでした。

特に教育現場に害をもたらしたのが、教員評価制度です。これには校長による評価と生徒による評価の二種類があります。校長による評価はＡＢＣＤのランク付けで行われ、これが給与と連動しています。また生徒による評価は、ランク付けと記述式の二つがあり、例えば生徒が恣意的にランク付けをしたり、ウソを記述したりと、混乱をもたらすことがありました。いずれにしろ、第二反抗期の真っただ中にある生徒の言動に対して指導するには、多大な勇気と決意が必要になっていきました。教員の指導に不満を持つ生徒が、親に報告し、親が県教委に苦情を申し立て、県教委が教員を処分するという構図さえ出来上がっていきました。

このままでは日本の教育が、死んでしまうのは明らかです。そこで、次の章からは日本の近現代史と教育の歴史を振り返ることによって、いまの現状をもたらした原因がどこにあるのかを考えてみます。少々長くなりますが、次の時代への展望を見出すためには、過去を振り返ってみることが欠かせないからです。

(注1) ごく簡単に説明してみましょう。仮に使用価値が異なる織物二〇mが、上衣一着と交換できるものと仮定した場合、それは交換価値が同じだということを意味します。交換価値とは使用価値から抽象された価値です。この抽象化された価値は、実は人間の労働力の支出の量を表していて、それが商品の価値（交換価値）の実体です。そして交換価値が同じということは、時間で測る労働の量が同じということです。織物二〇mと上着一着の生産には同じ労働時間を費やしているため、交換が可能なのです。コップと鉛筆、眼鏡とカバンなど、これはあらゆる商品の交換に当てはまります。このように交換価値は、労働時間によって測られる抽象的人間労働の量ということです。他方、ひとつの商品の生産に必要な抽象的人間労働の量は、社会的に平均化された労働量として登場してきます。ある労働者は上着を一時間で生産し、別の労働者は二時間で生産するとします。この場合、さっさと作る前者の方が安くなり、時間がかかる後者は高くなります。しかしながら、市場では必ず平均化された抽象的人間労働の量が成立し、価格も資本家が受け取る利潤も平均化されることになります。皆さんの生活の経験でも、どの企業が作っても、同一商品はだいたい似たような価格でしょう。これはまさに抽象的人間労働の平均化を示しているのです。

第三章

日本の近現代史における教育と社会

「核戦争」

ファシズムとは何か

現在の教育の現状を生んだのは、遠く明治時代の学制発布にまで遡ります。当時の学校制度は、富国強兵の政策の下、軍隊の制度を模して造られたのでした。文部省の強力な中央集権のもと、費用を賄えない国民にも義務教育が強制され、農民の反対運動が起きたほどでした。そして昭和のファシズムの時代になると、すべての学校に軍人が配属され軍事教練が行われました。戦後になっても痕跡は様々な形で残っており、授業の初めに起立、礼、着席などと号令をかける習慣などはその一つです。男子生徒の「学ラン」と呼ばれる詰襟の制服は、明治時代の陸軍の制服であり、女子生徒のセーラー服は水兵の制服を取り入れたものでした。軍国主義の名残といえるでしょう。

戦争の惨禍をもたらしたファシズムへと至る社会の流れを考察することは、現在の社会の右傾化と教育の危機の原因を考える上でも大変重要だと思います。そこでひとまずファシズムについて歴史と社会全体の視野から考えます。また、私たちの時代は今新たな段階に入ったように思います。それは戦争の可能性の高まりです。その点からもファシズムを研究することによって、戦争回避の方法を探ります。

ファシズムがもたらしたものは、破壊と虐殺でした。日本と東アジアだけで少なくとも一千万人近くの人々が犠牲になり、世界中の民衆が戦火に巻き込まれていったのです。

私たちは二度とファシズムの登場を許してはなりません。この章のはじめでは、保守思想からファシズムへの移行過程とそのメカニズムを、過去のファシズム、特に猛威を振るったイタリア、ドイツ、日本のファシズムの歴史を振り返ることによって探っていきたいと思います。

●ファシズムとは

ファシズムの一番の特徴として挙げられるのは、独裁制です。イタリア、ドイツ、日本のファシズムの独裁制は各国の置かれた状況により異なる面はあるにしても、民主制の中から生まれ、合法的に政権を勝ち取っていったことに共通性があります。この点に大きな問題があり、今私たちが直面している危機の原因と重なっているのです。

ではファシズムとはどのような政治体制なのでしょうか。定義は五つばかりあります。

ブルガリア出身の政治家で、後に共産主義政党の国際組織コミンテルン（共産主義インターナショナル・別名第三インターナショナル）書記長を務め、戦後首相となったディミトロフは、一九三五年の第七回コミンテルン大会で次のように述べています。ファシズムとは、「金融資本のもっとも反動的、もっとも排外的、もっとも帝国主義的な要素による、公然たる暴力的独裁である」。これがスターリン独裁体制下にあるソ連で活動していた政治家の見解である点に、歴史のアイロニーを感じます。

次に「ファシズムは遅れて出発した資本主義国家が急激に近代化を急ぐための政治体制である」とする後発近代化論があります。この他、中間層による過激主義論、イデオロギー重視論、全体主義論などがあります。

これらの議論に共通するファシズムの特色として次の六つが挙げられます。

・近代西欧の基本精神である合理主義への反逆
・極端な民族主義・国粋主義
・カリスマ的指導者への大衆的支持
・一切の政治的自由の否定
・社会主義・共産主義への敵対
・労働運動の抑圧と強権的経済統制

●ファシズムと現代日本社会

さて、私たちの社会はこれらの問題点とは無縁、といえるでしょうか。

世界経済の閉塞状態が長引いている現在、中間層が没落して労働者も非正規労働が常態化して格差が拡大しています。こうした中で人々の意識は宗教など神秘主義や非合理的方向へ向かっているように思います。いくつかの宗教団体が政党を結成し政界へ進出し始めていることなどはその一例として考えられるのです。

二〇〇九年～一二年までの民主党政権時代の混迷する政治に愛想を尽かせた国民の間では、尖閣列島の問題から一気に民族主義が高まりました。その波に乗り石原慎太郎氏や橋下徹氏の維新の会が登場し、安倍晋三氏が政権を取り右翼保守政権となりました。ファシズムが現れる前段階には必ず保守政権が現れ、その政策が行き詰った時に、政権を引き渡していたことを思い起こさなければなりません。

労働運動が連合による右派協調主義者の指導の下に入って久しい時が流れました。戦前、労働総同盟が労働運動を経済闘争のみに限定した結果、産業報国会へいとも簡単に吸収されてしまったことを考えると甚だ寒心に堪えません。労働運動こそは働く者の立場を最大限擁護し発展させるものでなければならないと同時に、単に賃金だけを問題にしていればよいわけではないのです。労働者の政治的立場をも主張するものでなければなりません。労働運動こそファシズムに対抗しうる大衆運動の中心を担うことができるものなのです。

ところがどうでしょう。労働運動は、経営側との妥協により、労働者の要求を抑え宥める役割をしているではありませんか。このような労働運動は、戦前の労働総同盟がそうであったように強力なファシズム政権が樹立されたとき、あっという間に瓦解してその協力者となるのです。

社会運動がファシズムへの抵抗の中心となるには、個人が人権意識を持ち運動を支えていかなくてはなりません。かつてフランス革命の指導者は「国民一人ひとりが啓蒙されることによって、国の力が増す」と言いました。国民一人ひとりが社会と政治に責任を持つことにより社会は強化されます。

ファシズムの淵源と現在

戦前のファシズムの特徴としてあげられるのは、社会主義・共産主義への敵対的性格です。その原因はロシア革命によって惹起された資本主義の危機があったからです。イタリア、ドイツ、日本に発生したファシズムは代表的なものですが、この時代には世界中でファシズムが登場したのであって、フランス、イギリス、アメリカでさえ発生しました。

アメリカでは一九二〇年サッコ・ヴァンゼッティ事件が起こりました。アナーキストの二人の移民が、強盗殺人の罪を着せられ、無実の罪で死刑になりました。また白人至上主義団体のＫＫＫ（クー・クラックス・クラン）は反共を掲げて会員を五百万人まで増やし、黒人、移民（サッコ・ヴァンゼッティはイタリア移民）、共産主義者にリンチを加えています。危機に瀕した独占資本が、淘汰によって没落しつつある急進的中間層を使って労働運動や社会主義運動を暴力的に抹殺した事件とみられます。

現在はソヴィエト連邦が消滅し、中華人民共和国は実質的に資本主義大国となっているので、反社会主義・共産主義を掲げるファシズム国家というよりも、排他的国家主義の国として登場してきています。トランプ前大統領など、困窮し排他的愛国主義に染まった白人労働者に支持基盤を持っているという点で、まさにファシストです。

戦前のファシズムを考えることで、現在のファシズムへの危機に備え、回避する道を見出すことができると信じ、ここからは、イタリア、ドイツ、日本のファシズムの歴史を訪ねてみることにします。

イタリアのファシズム

イタリアは世界で最初に近代都市国家が誕生した地域です。一四世紀半ば、地中海貿易によって富を蓄えた諸都市はヨーロッパの貿易センターとなりました。特にフィレンツェは毛織物、絹織物の繊維産業を興し、メディチ銀行はヨーロッパ中に支店網を張り巡らせたのです。北部、中部イタリアで起こったトゥキニ農民戦争によって都市に流入した農民は、労働力となって産業を支えるようになりました。一三七八年には世界で最初の労働者による革命政府がフィレンツェで樹立される事件も起こっています（チョンピの乱）。

しかしこれらの自由都市は、有産市民と無産市民の対立が絶えなかったこと、有産市民が特権化して貴族独裁制に変化したこと、商業上の競争から都市間の連合を結成できなかったこと、世界経済が地中海から大洋へ移ったことなどによって衰退していきます。

フィレンツェ共和国のすぐれた書記官であったマキャベリはその著『フィレンツェ史』の中で、「イタリアが統一されることがなかったのは、歴代法王が自分の権力を守るために、ドイツ皇帝やフランス王、ノルマン、スペインの勢力をイタリアへ引き入れたのが原因だ」と述べています。

こうしてイタリアは分裂したまま一九世紀を迎えてしまうのでした。

一八六一年、ヴィットリオ＝エマニュエレ二世とガリバルディーによってイタリアは民族国家として独立するのですが、北部と南部の社会構造は依然としてルネサンス時代と変わらず残ります。南部は大土地所有者と小作人からなり、北部は独占的大資本を中心とした工業化が進みました。

一九一八年、第一次世界大戦が終わると、イタリアを激しいインフレが襲い、国民は塗炭の苦しみをなめました。一九一九年には北部で賃上げのストライキが一六六三件も起こり、南部では農民が大地主の土地を占拠して地代の支払いを拒否する闘争が起こりました。そして一九二〇年イタリアは革命前夜を迎えるのです。

しかしこの時、イタリア社会党は左派、中間派、右派が抗争しており、一一五万人に増加した労働総同盟を統一して指導することができませんでした。また南部農民の対策も欠いていました。

他方、議会ではローマ法王の認可を得て結成された人民党がルイジ・ストゥルツォ書記長のもとで、選挙によって第二党となりました。ですが、イタリア社会党は、自由主義諸勢力との統一戦線を形成することができずに、一九二〇年ついに調停案を受け入れて革命は流産してしまったのです。労働者は失望し、労働運動が退潮していった後、一九二二年ムッソリーニ率いるファシスト党と黒シャツ隊によるローマ進軍というクーデターが起こり、ファシズムが政権を握ることになりました。

一九一九年、ムッソリーニは退役軍人、学生、小市民、小農の子弟、小官吏などを集め「ファッショ・ディ・コンバティメント」（戦闘団）を結成し、公然と暴行、略奪、放火を行い社会党員や労働者を虐殺して歩きました。彼らは貧民の味方のような演説をして歩く一方、裏では資本家から資金の援助を受け、かつての綱領から離れて次第に大資本の体制擁護へと転じました。そして一九二二年政権の座に就きます。こうした過程はナチスが政権に就く際にも、ほぼ同じ経過をたどっています。

イタリアでは北部ブルジョアジーと南部の大地主が教会と君主制支持者を中心に結集し、北部のプロレタリアと南部の農民の勢力をファシストの暴力を使って破壊したのでした。そのタイミングは社会党の指導に希望を失った労働運動が退潮していくときと一致していました。大衆はファシズムの中に、現体制に対する反抗と社会党に失望して「赤色政権」でない新体制の樹立を歓迎したわけなのです。

ドイツのファシズム

ファシズムが生まれる条件として、第一に経済不況で国民がぎりぎりまで追い詰められていることがあげられます。生存への不安が一般的となっている時に、大きな事件が持ち上がることによって不安が恐怖へと変化する社会心理が大きな働きをするのです。だから、時代や国を超えていつでもファシズムは生まれます。戦前のファシズムを引き起した事件とは、一九一七年のロシア革命であり、つまり、赤色革命への恐怖だったといえるでしょう。イタリアやドイツだけでなく、オーストリア、スペイン、ユーゴスラビア、ブルガリア、フィンランドでもファシズムは発生しています。

ちなみに現代において赤色革命に匹敵するのは何でしょうか。それはテロに対する恐怖です。その一例として、二〇〇一年の9・11テロ事件の後、ブッシュ大統領が盛んに「テロに対する戦い」という概念を使ってアメリカを対アフガン、対イラク戦争に駆り立てたことが挙げられます。わが国でも北朝鮮のテロに対する戦いという名目が成り立つ土壌が整っています。さらに、もう一つ、中国の覇権主義に対する恐怖もあるでしょう。

やや先走ってしまいましたが、ナチズムの発生に話を戻しましょう。

ドイツもイタリアと同様に中世の状態を一九世紀まで引きずってきた国といってよいでしょう。プロイセン王ウィルヘルム一世と宰相ビスマルクがドイツ帝国を築いた時、それは四つの王国、六つの大公国、五つの公国など合わせて二二の君主国と三つの自由都市から成った連合国家でした。一八七〇年の普仏戦争で勝利したドイツはパリ・コミューンを粉砕し、アルザス・ロレーヌの工業地帯を占領してフランスから五〇億フランの賠償金を獲得しました。それを資本として急速に工業化を推し進め、近代国家になりました。したがって社会構造は、大土地所有のユンカーと工業地帯の独占資本が揃って国を支配していたといえます。だからドイツでは近代的民主制が国に根付いていませんでした。

H・マウとH・クラウスニックは、次のように述べています。

一九一八年のドイツの画期的な出来事は帝政の崩壊であった。物心ついて以来、君主制の秩序しか知らなかった国民にとっては、帝政の崩壊は自分の意識のもっとも深い層まで揺り動かされることを意味した。この崩壊についての心構えができており、君主制の滅亡が歴史的な社会変化の避けがたい帰結であることを理解できたものは、ほんの少数に過ぎなかった。国民大衆は伝統的な秩序の崩壊を、予想できなかった災厄として耐え忍んだが、新しい秩序をつくる責任を分かち合う段になると、彼らは無力だった。政治的、社会的権利において階級制的な段階付けを原則として認めない共和政が、旧秩序の根本要素の一つだった相続による権威の存在を否定したからである。（H・マウ、H・クラウスニック『ナチスの時代――ドイツ現代史』岩波新書、37頁）

一九一八年に終わった第一次世界大戦でドイツが敗北すると同時に、ロシア革命の影響を受けてベルリンに革命がおこります。しかしこの革命は多数派社会党がスパルタクス団を圧殺し、ワイマール連合が労兵会議を鎮圧することによって終息します。

一九一九年に締結されたヴェルサイユ条約は、アルザス＝ロレーヌのフランスへの割譲、軍備縮小、賠償金支払いなど非常に厳しい内容でした。一九二三年ドイツの賠償金未払いを理由に、フランス・ベルギー軍がルール地方を占領し、マルクの価値は数年前の一兆分の一に暴落するというハイパーインフレーションに陥りました。これを機にヒトラーによるミュンヘン一揆が発生します。これを見かねたアメリカのカルビン・クーリッジは、ドーズを委員長とする特別委員会を成立させ、新賠償方式が作られました。これによりアメリカの投資熱が高まり、アメリカ資本の投下がドイツ経済や産業を再構築するきっかけとなって、ドイツの産業は急速に復興していきました。一九二四年から一九二九年の間には戦前の生産力を二〇%も超える水準に達したのです。

国力が発展すると、巨額賠償金を課すなど、敗戦後に結ばれたヴェルサイユ条約はドイツにとって耐えがたいものとなります。その結果、反ヴェルサイユ体制派である共産党と右翼国家主義政党が抬頭してきました。このとき共産党は、スパルタクス団から発展した共産党の指導者であったカール・リープクネヒトとローザ・ルクセンブルクの虐殺に手を貸した社会民主党への恨みから、統一戦線を組むことを拒みましたが、もしこの時統一戦線が結成されていれば、ナチスの登場を阻止することができたかもしれません。

しかしそうはならず、保守・右翼陣営は元参謀総長のヒンデンブルグを大統領に立てて政権を握ったのでした。こうして支配層が右翼化すると、続いて中産階級の右翼化が始まります。大戦中に没落した中産階級は、ワイマール共和制になっても生活は良くならないままなので、一九二〇年六月の選挙と一九二四年の二回の選挙で、国家人民党を支持するようになりました。しかしこれら保守帝政派も彼らの現状を顧みないとわかると、次第にナチスへと投票するようになっていくのでした。

一九三三年一月三〇日、ヒトラーがドイツ国首相に任命された際には、憲法に決められた通りの形式を踏んでいました。民主主義が形式だけに堕落し、その精神を失ったとき、ファシズムの危機が忍び寄るのです。

日本のファシズム

●ファシズムの芽はなぜ育ったのか

日本のファシズムは、天皇制ファシズムといわれます。しかしそれは、天皇が自らファシストとして運動を指導したのではなく——もしそうしたならそれは絶対王政と呼ばれます——明治憲法が掲げた天皇制統治機構の欠陥、あるいは前近代的問題点が、ファシズムを唱導したという意味です。

日本の近代化は、ともあれ明治政府の手で行われました。ですがそれは、幕末以来、日本の外貨獲得の中心を担ってきた養蚕地帯の農民が、自由民権運動と結びついてまさに民主主義革命にいたる直前、相次ぐ弾圧と地租改正によって囲い込まれ抑え込まれた結果、達成されたものでした。

一八八一年（明治一四年）、政府は「勅諭」によって一八九〇年（明治二三年）を期して国会を開設する約束を与えました。そして、民権派に譲歩を図りながら、その裏で「請願規則」、「各府県会議員の連合、集会及び往復通信の禁止」、「新聞紙条例」などを施行し、同時に教育勅語体制を強化していきました。弾圧は福島事件、群馬事件、加波山事件など暴力的鎮圧に発展し、果てには秩父困民党事件、三多摩困民党事件となって民衆の蜂起を誘います。そして松方デフレ財政による農民収奪で農民の自由民権勢力を経済的に壊滅させました。同時に自由党総裁の板垣退助を、伊藤、山県らが三井から出させた金を使って洋行に誘い出し、自由党を分裂に導いていきます。政府に抱き込まれた自由党は政友会となり、政府・財閥の代弁政党となっていくのです。

一八八二年（明治一五年）から一八八三年の日本社会の動向は、後の日本を決定づける重要な一時期でした。歴史を語るのに「もしこの時」という問いかけが許されるとして、自由党と農民による民主主義革命が成功していたら、その後の日本は大きく変わっていたでしょう。

やがて一八八四年（明治一七年）となり、伊藤博文は井上毅、金子堅太郎、伊東巳代治らと憲法制定作業に入ります。そして出来上がったのが明治憲法でした。天皇の下に憲法的機関として議会と裁判所を置き、準憲法的機関として内閣、枢密院、軍部、内大臣があり、憲法外機関として元老を設けたのがその構造でした。したがって政府は枢密院、軍部と同列であり、特に軍部の統帥権は天皇のみにあるとされたのです。統帥権というものは、もともと絶対王政の王が軍隊に対して持っていた命令権で、行政権、裁判権、立法権が王から奪われる段階で失われていったものでしたが、プロシャ憲法にならってつくられた明治憲法には残りました。

一九〇七年（明治四〇年）、山県有朋によってこの統帥権が利用され、内閣を無視して「帝国国防方針」が勝手に決められます。そしてこの後敗戦に至るまで軍部に利用されていくのです。

天皇制統治機構は、自由民権運動を圧殺した後、まがりなりにも立憲君主制という衣をまといながら、一八九〇年（明治二三年）に最初の議会を開催しました。そして日清、日露の戦争を勝ち抜き、その間産業革命を達成して近代化を推し進めていきました。

大正期に入ると第一次大戦を通じて重化学工業化の段階へと踏み込みます。軍需産業の振興によって新興財閥が形成されますが、大戦後の不況を通して新旧財閥は整理されていきました。こうして生き残った巨大財閥という独占資本が、日本の経済を支配するようになりました。

農村では、一八七三年（明治六年）から導入された農民に高額の税金を課す地租改正や一八八一年（明治一四年）以来の主導者・松方正義大蔵卿の名を取った緊縮政策「松方デフレ」によって、農民が貧困化し、プロレタリアとして都市に吸収されていきました。一方、体制側についた地主は寄生地主として農民を支配していくようになります。こうして財閥の独占資本と寄生地主の連携による議会勢力が政権を握っていくのです。

一九一一年（明治四四年）、中国で辛亥革命がおこり、中国の民族運動が高まってくると、寺内正毅内閣は中国における利権を確保するために軍隊を満洲へ送り込み、張作霖を援助して影響力を高めていきます。この時送り込まれた陸軍参謀本部の田中義一（後に総理大臣に上り詰める）らは目先だけしか見ない無謀な工作を進めていきました。後に満州事変を引き起す石原莞爾らの軍部出先機関の暴走行為は、既にこの時見られます。

また一九一七年（大正六年）のロシア革命の混乱に乗じて、軍部は中央の指令を無視して勝手に七万二千もの軍隊をシベリアへ派兵しています。こうして当時の歴史を振り返ると、既に明治、大正期において、日本がファシズムへ至る原因が存在し、その発芽がみられます。

今日私たちの時代に生起する出来事の中にも、同じ現象が起きているということができます。愛国主義を煽る尖閣諸島、竹島、北方四島の領土問題がそれであり、経済政策では、アベノミクスの財政・金融政策が該当します。というのも、この政策は、結果としてファシズムへの道を切り開いた、一九三〇年代前半の高橋是清大蔵大臣による「高橋財政」にそっくりだからです。当時、高橋は金輸出再禁止（金本位制の停止）によって管理通貨体制に移行し、低為替政策（円相場の下落策）を取り輸出促進を図りました。これは、輸出に有利なように円安誘導をしていたアベノミクスも同じです。さらに高橋は日本銀行に国債の直接引き受けをさせ赤字を補って膨張予算を組みました。これは言うまでもなく、国債を保有する金融機関などからの購入、というクッションこそ挟んでいますが、アベノミクスによって日銀が膨大な額の国債を購入していることとそっくりです。

高橋財政が行った低為替による輸出拡大は、やがてダンピングとして国際社会から締め出され、世界経済のブロック化を招き、軍部主導の大東亜共栄圏構想へとつながっていったのでした。

●ロシア革命の影響と金本位制の崩壊

大正時代に起こった世界的事件は、第一次世界大戦とそれに続くロシア革命でした。

一九一四年（大正三年）に始まった第一次世界大戦は、ヨーロッパ諸国の力を奪い、世界の勢力地図を書きかえてアメリカの勢いを拡大させました。同時に植民地における宗主国の力を弱めて、民族運動に勢いを与える結果にもなりました。ロシア革命は民族自決を唱えて各地の民族主義に拍車をかけ、資本主義諸国内でも労働運動、社会主義運動に力を与えたのです。

こうした状況の中で一九二九年世界大恐慌が起きました。

その皮切りになったアメリカでは、まず一九二八年熱狂的な株式投機が始まりました。この時デリバティブ（先物取引）が初めて登場します。この投機熱に乗じようと、第一次世界大戦後にヨーロッパに投資されていた資本が引き上げられるようになっていきました。するとヨーロッパでは深刻な資金不足が生じ、経済が行き詰まり、それがアメリカの輸出を停滞させて投機に不安をもたらしたのでした。こうして株価が一気に大暴落し、失業、倒産の増大は目を覆うばかりとなり、しかもそれは長期に亘って続きました。

大恐慌を乗り切る対策は各国が置かれた事情によって異なりました。アメリカはニューディール政策によって巨額の公共投資を行い、イギリスは植民地の支配を強化して、そこからの収奪を増やそうとしました。ドイツや日本は軍拡によって独占資本に利益をもたらし克服しようとしたのです。これらの方法に共通しているのが、インフレ的財政膨張政策であったといえます。

第一次世界大戦後の日本の経済は、成金的に成長した産業がヨーロッパの復興とともに不況に陥り、一九一三年と一九二二年の二回にわたって金融恐慌が発生して、多くの銀行が潰れました。政府は日銀や政策金融に関わる日本興業銀行などを使って、その都度銀行の救済にあたっていましたが、そこへ一九二三年、関東大震災が発生し、企業救済のため政府は震災手形を振り出します。ところが、潰れた銀行が持っていた震災前の不良債権が震災手形として日銀に持ち込まれるなど乱脈を極め、日銀の最終損失の補償をする政府財政は崩壊寸前となりました。そこで政府は外債を募集して乗り切ろうとするのですが、それには金の裏付けがないと売れないので、浜口内閣の蔵相・井上準之助はついに金の輸出を自由化する金本位制の復帰（金解禁）に踏み切ったのです。井上はさらに金本位制の維持を目的に緊縮財政を取りましたが、財閥はそのタイミングで投機的なドル買いに走り、金が海外に流出する事態となりました。

そこへ追い打ちをかけたのが世界恐慌でした。恐慌の直撃を受け、輸出品は値下がりし、輸入品が殺到しました。商品市場は大暴落して株式市場は崩壊。中小企業の倒産と失業者の増大が起こり、銀行の貸し渋りのうえドル買いが横行し、海外投資も増大しましたが、さらなる倒産と失業の悪循環が引き続きました。

農村では不況によって需要が減っているところに豊作がぶつかり米価が下落し、朝鮮、台湾米の流入でさらに価格が押し下げられ、生糸の輸出はアメリカの不況で減少したところへ人絹やナイロンの登場でさらなる圧迫が加わりました。肥料や農機具は独占価格で値が下がらない中、失業した労働者が帰村して人口が増えるという状況で、危機が高まっていったのです。

ここに登場したのが先に紹介した高橋財政でした。大事な論点なので、あらためて説明してみましょう。彼はまず金輸出を再度禁止し為替相場を低くし固定させました。さらに日銀に国債を直接引き受けさせて小切手を振り出させ、それで民間から物資を買ったり、賃金を支払ったりしました。結果としてその小切手は市中銀行に振り込まれ、銀行はこれを日銀に持っていき日銀券を受け取るという仕組みでした。

これは、日銀→国→市中銀行→日銀、という資金の循環によってタイムラグを設けて市中銀行の預金の取り付けを防ぎ、同時に大量の日銀券を市中にばらまくことでインフレを引き起して、景気を刺激するという金融政策です。一方、当時は物価が上がっても失業者が多く存在し、生産設備には余裕があったため賃金を低く抑えることができました。結果として高橋財政は労働者の犠牲において景気を回復したといえます。

先に述べたように、これはアベノミクスと同じ手法です。日銀券を大量にばらまき、日銀券の価値を低くして為替相場を低下させる（円安に誘導する）という点で全く変わりはありません。ただ高橋財政のほうが、やや手が込んでいただけです。こうして綿織物、人絹、機械、鉄製品を中心に輸出が急拡大し、その二年前の一一％増の驚異的な成長をもたらしたのです。

こうして蓄えた利潤はどのように活用したのでしょうか。実は軍事費にあてられています。軍拡を軸としたインフレ政策は軍部の要求を助長し、ついには抑えることができなくなってしまう原因となるのでした。したがって高橋財政はファシズムを育てたともいえます。

また高橋財政が意図せず、ファシズムを育てたのに対して、アベノミクスは、意図的に日銀の黒田東彦総裁と連携して、非正規労働者をはじめとする労働者の犠牲の上に、主に輸出に頼る大企業の利益を優先しているのです。これらの大企業は、企業努力をすることなく黒字収入を得られることで、技術改革を怠るようになり、検査データの改竄が横行していることが証明するように、頽廃し、日本経済全体を凋落へと導いているといえます。

話を戦前に戻すと、間もなくして日本の製品はダンピングだとして世界市場から締め出されることになりました。ここから世界経済のブロック化が進行し大東亜共栄圏構想の実現へ――つまり破滅へと日本は進んでいくことになります。

ここで金本位制に関し、以下の点を付言しておきましょう。

第一次世界大戦後の一九二五年、イギリスが旧平価で金輸出の解禁に踏み切ったことで、ポンドを基軸通貨とする金本位制が再建されました。しかし世界通貨としての金の補償が現実にあった時代でさえ大恐慌が発生しました。そして第二次世界大戦後の一九七三年、アメリカのニクソン大統領が「ドルと金の兌換停止」を発表し、世界に衝撃が走りました（ニクソン・ショック）。世界で唯一、実施していた金とドルの交換を停止したことで、世界通貨としてのドルは信用の確かさを失っていきました。また株や為替市場ではデリバティブはもちろんのこと、さらに複雑な金融取引が行われています。そこにはヘッジファンドという魔物も住みついています。この不安定極まりない現在の世界経済の土壌には、いつでも世界恐慌の種はまかれている、といってよいと言えます。

●ファシズムを招いた政党政治の堕落

日本にファシズムが登場してくる背景となった、政党政治の軌跡とその凋落の原因を探ってみます。明治七年民選議院設立建白書による下級士族・豪農らの運動は、板垣退助の愛国公党を生み自由民権運動へと発展していく過程で、自由党となり国民的大運動を巻き起こし、民主主義革命の一歩手前まで行きました。

それが時の藩閥政府の大弾圧と運動を支える農民層の経済的解体によって潰え去った後、自由党は立憲自由党となり、一八九〇年（明治二三年）の第一回衆議院総選挙で全議席三〇〇中一三〇の議席を獲得して第一党となりました。しかし、星亨（ほしとおる）らは立憲自由党を有産階級の議員政党に改組して、民党議員の中江兆民や大井憲太郎を締め出してしまいました。その後一八九八年（明治三一年）には大隈重信の進歩党と自由党が合同して憲政党が結成され、大隈と板垣の名から取った隈板（わいはん）内閣が成立します。そしてのち憲政党は憲政本党と憲政党に分裂し憲政党は山県有朋の閥族内閣に抱き込まれた後、再び本党と合同し、今度は伊藤博文を担ぎ出して立憲政友会となります。このとき政治資金を三井財閥が提供して、幹事長に原敬（たかし）が就任するのです。

これが一九〇〇年（明治三三年）のことであり、有名な探偵作家黒岩涙香が創刊した万朝報の記者であった幸徳秋水は、「自由党を祭る文」を執筆し、自由党の変身を嘆いています。こうして政党が政府と財閥の〝御用聞き〟のような存在になってしまった結果、これ以降、政局争いに終始し、国民の期待は徐々に政党政治から離れていくのでした。

大正時代に入ると、大隈の憲政本党を中心に立憲国民党が結成され、これが分裂して犬養毅の非改革派と加藤高明の立憲同志会となります。この時期は閥族政府の桂内閣に対する反政府運動と憲政擁護運動が結びついて政党政治が力を発揮した時期でもありました。

ところが一九一四年（大正三年）大隈内閣が発足すると、中正会の尾崎行雄は法相、同志会の加藤は外相となって憲政擁護運動を鈍らせると同時に、大隈は三菱、三井、大倉、安田などの財閥から巨額の選挙資金を出させ、与党候補者に公認料として渡すようになりました。財界からの資金を候補者に公認料として配るという現在の自民党の慣行は、実にこの時以来のものといえるのです。

一九二七年（昭和二年）陸軍出身の田中義一が政友会総裁となり組閣します。彼は総裁になるために陸軍の機密費を横領して議員買収を行ったといわれ、担当した石田検事は変死体となって発見されています。こうして首相となった田中の政策は、中国出兵を梃子とした軍備拡張の本格的導入を目指したものでした。内閣の外局に資源局を設け、陸軍に整備局として動員課、統制課を設置します。総力戦の基礎が出来上がったのはこの頃だったのです。

また特高（特別高等）警察を活用したり、一九二五年（大正一四年）に制定された〝希代の悪法〟治安維持法を適用したりして、社会主義運動を徹底的に弾圧したのも彼です。河上肇、大森義太郎、向坂逸郎らを大学から追放したのも田中政権でした。

外交においては、第一次から第三次までの山東出兵を行い、満州国設立の前提をつくりました。一九二八年（昭和三年）、中国東北部を支配していた軍閥の総帥・張作霖爆殺事件の首謀者河本大作を、陸軍の反対を抑えることができず停職処分で済ませ、軍部の下剋上の風潮を許容したのも彼でした。田中は政友会総裁として政権を担当しましたが、元陸軍大臣であり、政治の内容からいっても軍事政権の皮切りと考えられないこともありません。しかし、形式は政党の党首なのです。この後、政権は浜口、若槻、犬養と政党人によって担われていくのですが、いずれも国民の犠牲の上に立って財閥優先の政治を行ったとして右翼や軍部に暗殺されていきました。

その後、海軍大臣経験者が軍部統一の期待を担って首相になりますが、広田弘毅、近衛文麿などによる内閣も含めて、これらは政党内閣ではなく、天皇による「勅諭内閣」となります。

政党政治は明治・大正期を通じてこのように退廃を深め衰退していきました。そして政党の腐敗を目にした青年将校・右翼の間に国家改造や軍人政権の期待が醸成されて、時代は昭和へと移るのです。

今の日本の政治状況に引き付けていえば、自民党やかつての民主党による政権が、大資本の利益を代表するものだということが明確になるにつれ、国民の政治に対する関心が失われていったのは、当時と似たような経緯を踏んでいるように思います。つまり、政局争いの泥仕合となって国民が置き去りにされていることに共通性があるのです。このような時こそ、政党政治の危機の時なのだと思います。

●社会主義運動の軌跡と敗退

ファシズムの運動に対抗しうるのは、労働運動と農民運動それに社会主義運動でした。それがどのように抑え込まれ壊滅していったのか——その過程を振り返ってみましょう。

およそ一〇年前のことですが、四国山地の西部に位置し、標高が一九八二メートルと西日本最高峰の石鎚(いしづち)山に登った後、四万十市(旧土佐中村市)に寄ったことがあります。そこで偶然幸徳秋水の墓を発見してスケッチをしました。幸徳といえば、一九一〇年(明治四三年)に多数の社会主義者・無政府主義者が逮捕された大逆事件で、無実の罪によって処刑された社会主義者ですが、その墓は粗末に据えられていました。しかしその墓所は、皮肉にも裁判所と検察庁の裏側にあり、あたかも秋水が弾圧をせぬようにと監視しているかのようでした。同時に、秋水が地元では郷土の偉人として讃えられ、語り継がれているのをみて嬉しくなりました。

この大逆事件で、幸徳秋水以下一二名の社会主義者らが処刑されると、労働運動と社会主義運動は窒息状態に陥ってしまったのです。

その後、一九一二年(大正元年)になると、鈴木文治がキリスト教思想のもと友愛会を結成し、労働運動は徐々に息を吹き返し始めました。彼は団結と争議を禁止する治安警察法一七条を避けるため、労使協調主義を選択し、〝日本資本主義の父〟などと呼ばれた渋沢栄一や、大蔵官僚出身で日本興業銀行の初代総裁を務めた添田寿一などを後援者として立てたのです。

鈴木は一九一五年(大正四年)、渡米して米最大の労働組合であるアメリカ労働総同盟(ＡＦＬ)会長のサミュエル・ゴンパースの影響を受けて帰国し、労働者階級の団結権、争議権を要求し始めます。

一九一六年（大正五年）には住友鋳銅所の西尾末広らが職工組合期成同志会を結成しますが、西尾はのちに友愛会大阪連合会主事になります。また活版印刷工組合信友会が結成され大杉栄らが加入すると闘争的な活動を始めました。一九一七年（大正六年）の日本製鋼所争議では、友愛会室蘭支部の松岡駒吉がストライキを指導するようになります。この頃友愛会の出版部長になるのが後の共産党委員長となる野坂参三でした。

社会主義者の陣営では、一九一五年（大正四年）に堺利彦が「新社会」を発行し社会主義宣伝を再開すると、山川均、高畠素之らが参加しました。この頃の社会主義運動は三つの潮流に分かれています。一つは労働者の政治、議会活動参加の重要性を認める堺、高畠らのグループ、二つ目は政治・議会活動を否定し労働運動によろうとするサンディカリズムの山川、荒畑のグループ、三つ目は直接行動を主張するアナキストの大杉らのグループでした。

大正デモクラシーの高揚とともに、普通選挙運動が勢いを取り戻すと、労働組合でも普通選挙期成同盟運動が盛んになっていきます。

そんな中、一九一七年（大正六年）のロシア革命が大きな影響を及ぼしました。一九一九年（大正八年）、鈴木文治がパリへ赴いてヨーロッパの労働運動に触れて帰国すると、友愛会は大日本労働総同盟友愛会となり、後に日本労働総同盟となります。これによって合議制のもと職業別に改組され最低賃金制や団結の自由などを求め、本格的労働組合の第一歩を踏み出すのです。

一九二〇年（大正九年）に日本社会主義同盟が結成されると、労働運動と社会主義運動が結びついて各地の争議に関係していくようになります。

一九二二年（大正一一年）、いよいよ日本共産党がコミンテルン（共産主義インターナショナル・別名第三インターナショナル）日本支部として結成されるのですが、この時すでにアナ・ボル（アナキストとボルシェビキ）論争が起こり、分裂の芽が生じているのです。ちなみにボルシェビキとはレーニンが指導してロシア革命を成功に導いたロシア社会民主労働党の「多数派」を意味し（「少数派」はメンシェビキと呼称）、革命後の一九一八年にロシア共産党と改称しました（その後、ソビエト連邦共産党に）。

ところで、一九二三年（大正一二年）の関東大震災は左翼攻撃の好機を政府に与えました。大杉栄は憲兵隊の甘粕正彦によって虐殺され、これを機に政府の姿勢は社会主義弾圧の方向へ舵を切っていきました。一九二五年（大正一四年）に普通選挙法と抱き合わせで治安維持法が成立すると、政府は私有財産の否認と国体の転覆を同列に扱い、弾圧は苛酷を極めていくのです。

そして田中義一内閣は一九二八年（昭和三年）に三・一五事件、一九二九年には四・一六事件で共産党を壊滅に追い込み、労農党、日本労働組合評議会、無産青年同盟に解散命令を出しました。

第一次世界大戦を通じて重化学工業が発展していく中、労働運動は労働者を近代的プロレタリアとして目覚めさせました。また地主の寄生化と生産物の商品化によって圧迫された農民も、労働運動に触発されて農民運動を発展させていったのですが、それらを指導すべき社会主義運動の側は大きな弱点を抱えていました。それは左右のセクト対立です。どこの国でも起こる問題ですが、日本ではそれを克服しようとするどころか、政治運動が左右に分裂すると、労働運動、農民運動も一緒に分裂していきます。政府は左派を弾圧し、右派を保護すればいいという構図ができあがりました。

こうして社会主義運動も労働運動、農民運動も弾圧が強まると四分五裂の状態となり、社会ファシスト化して日本国家社会党や新日本国民同盟などになりました。共産党結党当時、臨時指導部にいた赤松克麿などは一九三一年（昭和六年）の三月事件（陸軍中堅幹部によるクーデター未遂事件）に際し、軍部と呼応してこの計画に参加し、日本国家社会党を結成した後、大政翼賛会企画部長に就任しているほどです。

また、安部磯雄、麻生久、河上丈太郎、片山哲らが指導し、当初は資本主義の打破などを掲げていた社会大衆党も一九三七年（昭和一二年）の闘争報告の中で、「我々は今次の支那事変に際し、政府の提唱する挙国一致に欣然と参加し、日本民族の歴史的使命達成の聖戦を積極的に支持する」と述べて大政翼賛化していきました（「支那事変」とは一九三七年に開始した日本の中国侵略戦争＝日中戦争のこと）。

総同盟が分裂した後結成された全日本労働総同盟の松岡駒吉や西尾末広らは、一九三六年（昭和一一年）に、「我々は今次事変（一九三二年の第一次上海事変のこと、第二次上海事変は一九三七年）中の労働紛争を挙げて平和と道義の手段に訴えて解決し、進んで全産業に亘り同盟罷業の絶滅を期す」と述べています。こうして労働運動は労使一体の組織「大日本産業報国会」へと解消していったのです。

私たちの時代に立ち返ってみると、社会の右傾化と労働運動が連合に包摂されていった時期は、社会党が消滅して民主党が生まれた時期とは相前後していなかったでしょうか。ここでも歴史が繰り返される可能性を孕んでいるのです。

●軍閥政治の台頭

戦前を振り返る最後に、ファシズム運動の主体を担った軍部について考えてみることにしましょう。

一九〇七年（明治四〇年）、軍部の巨頭・山県有朋が内閣を無視して勝手に「帝国国防方針」を決定したことは、以前統帥権のところでお話しした通りです。天皇の統帥権とそれに対応する軍部の帷幄上奏権という特権を使って西園寺内閣を倒して以来、それが軍部の強力な武器となっていました。

この当時は長州の陸軍（長閥）、薩の海軍（薩閥）という構図で軍内部の派閥が形成されていましたが、山県の力もあって統一は取れていました。ところが山県が死ぬと、陸軍の中にも長閥と薩閥の争いが生じてくるのです。天皇に統帥権があるといっても、それは形式的なものであって昭和天皇は実質的に軍隊を全体として統一する力を持たなかったのです。

一九一八年（大正七年）、寺内内閣の時、シベリア出兵が行われ、軍部は勝手にハバロフスク、チタへ七万二千の北満派遣軍を送り占領してしまいました。この頃から軍部の出先機関が中央の指令を無視して行動するようになります。

一九二七年（昭和二年）、田中内閣が山東出兵を行うと、中国東北部を支配する軍閥の総帥、張作霖を援助し、日本の勢力を植え付けていきました。にもかかわらず、張が日本の意向を無視するようになると、関東軍参謀の河本大作が張作霖爆殺事件を起こします。田中は青年将校の猛反対にあうと河本を軍法会議にかけることなく停職処分で終わらせてしまったのです。これによって陸軍内に下剋上のムードが急速に高まってくるのでした。

そして山県→寺内→田中の長閥を継いだ宇垣一成と反長閥の上原勇作との間に、対立が生じました。宇垣が、いずれも陸軍大将である上原派の荒木貞夫、真崎甚三郎らを左遷したためです。

こうした軍部内の対立の様子は、一九二一年（大正一〇年）に南ドイツのバーデン・バーデンに会合した永田鉄山、岡村寧次、小畑敏四郎らが長州閥の打倒を誓い合った集まりにもみられます。彼らはヨーロッパの状況を敏感に感じ取り、将来の戦争は必ず総力戦になるから日本の体制の整備を急がなければならないこと、ロシア革命の影響を考え思想対策が重要であるとして陸軍内部の派閥闘争を革新闘争に発展させる必要があると考えていました。

一九二七年（昭和二年）、当時の有力右翼思想家の西田税（みつぎ）は陸海軍の右翼将校を集め国家改造団体を組織しようとしました。これは憲兵隊に摘発されて失敗するのですが、ここに名を連ねた末松太平、村中孝次、渋川善助は一九三六年（昭和一一年）の二・二六事件に参加しました。

海軍軍人の藤井斉（ひとし）は一九二八年（昭和三年）、海軍内に国家改造をめざす王師会をつくり、このメンバーが一九三二年（昭和七年）の五・一五事件の主役となりました。一方、一九二八年（昭和三年）には陸軍に無名会ができて、石原莞爾、鈴木貞一、根本博、武藤章が集まっています。そして無名会が一夕会に発展し、ここに河本大作、永田鉄山、板垣征四郎、土居原、東條英機、武藤章、石原莞爾、山下奉文ら佐官級の右翼革新派が形成され、日中戦争（当時は「日華事変」と呼称）以後、陸軍の中枢を支配するようになります。これが統制派です。

一九三〇年（昭和五年）、陸軍軍人の橋本欣五郎は、影佐禎昭（かげささだあき）、和知鷹二（たかじ）、田中清、長勇（ちょういさむ）らを集めて桜会を結成します。橋本はトルコ革命を主導したケマル・パシャに私淑し、クーデターによって政権を奪取して国家改造をめざすという方針を取りました。そして橋本は一九三一年（昭和六年）に三月事件を起こすのです。社会民衆党の赤松克磨がデモ隊を指揮して国会を包囲するなか、真崎が議場に入り宇垣を首相にするという計画で、陸軍内部の支持を取り付け、資金源は侯爵・貴族院議員の徳川義親（よしちか）というものでした。これは結局宇垣の変心で失敗に終わるのですが、当時の社会に大きな波紋を起こしました。

同年一〇月、今度も桜会が中心となって、首相官邸、警視庁、陸軍省、参謀本部を襲撃し、荒木を首相に頂くという計画を実行しようとしました。これが十月事件です。この策動には大川周明、北一輝などの民間右翼が加わっており、ファシズムの運動が一つの流れに統一されてくることになります。そして、この〝クーデター〟による国家改造方針が皇道派の影響を受けた陸軍青年将校らによって実行され、一九三六年（昭和一一年）の二・二六事件となるのです。

その前の一九三二年（昭和七年）には日蓮宗の僧侶、井上日召が育てた若者で構成された血盟団が、井上準之助と団琢磨を射殺する血盟団事件が起こっています。同年五月一五日には、海軍急進派青年将校を中心とするグループが犬養毅首相を射殺する五・一五事件が起こりました。

こうして右翼・軍人のテロによって政治・社会の方向は戦争へと押し流されていったのです。そして一九三一年（昭和六年）石原莞爾、板垣征四郎が中国の民族運動の発展と中国共産党、ソ連の進出に対する危機感をつのらせ、満州事変へと突入していくと、この流れは止められない大きなものとなり、ついには日華事変（日中戦争）から南方進出、太平洋戦争へと拡大していきました。これらのテロに共通しているのは、明確な見通しのない行動であるという点です。状況に押し流された他力頼みの無責任体制であったということなのです。

こうして日本のファシズムは、明治憲法の国家構造、日本特有の資本主義経済の発展過程、それに規定される大衆運動と政党政治の限界が複雑に絡み合って台頭し、軍人の無責任な行動がそれらを一本化する役割を果たしました。

経済が深刻なドン詰まりになり、国民が左右に分裂した時、ファシズムはいつでも生まれます。そしてそれは常に無責任でヒステリックな性格を持っているのです。

戦後日本の歩みと教育

(1) 戦争の惨禍

東京の新大久保や川崎のコリアンタウンで、ヘイト・スピーチによるデモ隊が反対する人々と衝突するという事件が起きています。このことは戦前の民族差別が再来したかの錯覚を与えます。そしてそれはこれからの時代を、ファシズムと社会という観点から考えてみる必要を感じさせます。

第二次世界大戦の日本の犠牲者で、兵士の戦死者は少なくとも一七四万人、空襲や原爆などを加えると四五〇万人は下りません。これは一九四一年の日本の人口七四〇〇万人の約三~六%にあたります。また海外からの復員者は軍人・軍属で三五〇万人、満州などからの引揚者を含めると七〇〇万人以上に上ります。引揚げの過程で多くの死者や孤児を生み出し、中国に残された残留孤児の引揚げは現在にまで及んでいます。

戦争は日本国民を苦しめただけでなく、中国、朝鮮、韓国、フィリピン、東南アジアの民衆を傷つけたことを忘れてはなりません。中国人の死者だけで一五〇〇万人、その他の国を含めると日本人の犠牲者数をはるかに超えるのですが、記録が残されておらず不明です。

七三一部隊による生体解剖や大量破壊兵器である毒ガス・細菌兵器の使用。村人全員を集めて穴を掘らせ、機銃掃射を加えて埋めてしまう万人坑の数々。南京大虐殺。乳児を放り上げ銃剣で突き刺す皇軍兵士。満州やインドネシアで死ぬまで酷使した何万人もの捕虜の強制労働。朝鮮人慰安婦として拉致した人々の強制売春。

歌人の佐伯仁三郎は皇軍の残虐行為を次のように詠んでいます。

子の前に母を犯しつ夫が妻をうばいたりける皇軍(すめらぎ)か

日本人はとかく自分たちの戦争被害を述べることが多いですが、他国の民衆に与えた傷を忘れがちではないでしょうか。それは戦後の政治がつくりだした国民意識でもあります。どうしてそのような政治が可能になったのか、その原因を探りそれを再考する根拠を見出すのがこの章のテーマでもあります。その際、決定的な時期は、戦争末期から戦後の占領期とそれに続く保守政治(吉田政権)の展開期にあるのです。

さて、大戦も敗勢が色濃くなると、軍国日本のあちこちにほころびが現われてきます。軍需工場では「行学一致」というスローガンの下、若年女子の労働徴用が始まり、約三〇〇万人の中学生以上の生徒、四七万人の女子勤労挺身隊が動員されました。新潟県の中島飛行機尾島工場では、一日三〇分三回の突撃労働時間が実施されましたが、突撃ラッパとともになされる突撃作業は、冷静に作業が行えずかえって不良品を増加させたのです。こうした不合理な精神主義が生産現場で横行していきました。

統制経済のもとでは軍需工場を中心に官僚と企業の癒着が深化し、物資の横流しによって上層部は甘い汁を吸っていました。東條内閣で大蔵大臣だった賀屋興宣が木炭を買い占め自宅に隠していると か、荒木貞夫大将の家から大量の隠匿食糧が出てきたという情報が広まっていきました。彼らは耐乏生活や滅私奉公を公式の場で訓示していた人々でした。野間宏の小説『真空地帯』(岩波文庫)にはそうした軍首脳部による汚職が、一兵卒の投獄によって隠蔽されていく話が描かれています。

敗戦時には軍の大量物資が横流しされていくのですが、この時、海軍の左官級の嘱託将校であった児玉誉士夫は、上海の児玉機関を通じて入手していた膨大なタングステンを占領軍に引き渡し、CIAのウィロビーと結びついて日本の政界とアメリカとのフィクサーの役割を担い、ロッキード事件で表舞台に立つまで政界の黒幕として暗躍することになります。

戦場では暴力と恐怖によって支配された軍隊内で、秩序が崩壊していきました。日常的にリンチを受けていた兵士が前線で下士官を背後から射殺したり、補給線を断たれた戦場では飢えを満たすために味方の兵士を弱いものから殺し、その人肉を食らうという究極の惨事が発生しています。原一男監督の映画『ゆきゆきて、神軍』や、大岡昇平の小説『野火』(新潮文庫)は事実に基づいた作品です。

一般国民も軍隊型の組織である隣組や町内会に所属させられ、食糧配給はこうした公認組織によって行われました。加入せずには生きていけなかったのです。これは同時に政府の意向を徹底させ、動員に役立つと同時に、国民どうしの相互監視と密告を横行させていくことにつながりました。隣組長や町内会長といった有力者は、密告や食糧配給のルートを握ることで権力を持つことになり、ピンハネ、縁故の闇取引を蔓延させていくのです。

などという落首が現れたりしました。星は陸軍、錨は海軍、顔は会長や組長のことだそうです。

それにしても未だ町内会がのこっているのはどうしたことか、そして、それが行政の出先機関のような役割を担うようになっているのはどうしたことでしょう。これも戦後政治の草創期に問題があったからなのでしょうか。

学童疎開では軍隊や隣組と同様に、上級生が班長となり、班員の生殺与奪の権利を握っていました。教師から抑圧を受けた班長が、その鬱積を班員に爆発させたり、嫉みをうけた生徒が仲間外れになったりといったことが常態化するのです。これらは大人社会の縮図だったと言えるでしょう。このように過去に行われた「いじめ」の構造を見ることで、現在行われている「いじめ」も大人社会の縮図であることがわかります。とくに労働現場での非正規社員の低賃金・長時間労働や、追い出し部屋の仲間外れ等などにそれを感じてしまいます。

以上のように戦争の惨禍は社会のいたるところに癒しようのない傷を残しました。

ところがどうでしょう。敗戦からわずか七五年しかたっていないのに、憲法九条を改正して自衛隊を国防軍にしようと画策し、安倍政権の下で特定秘密保護法や国家安全保障法が制定され戦争へ向かう法改正が行われました。またナチスの手口を礼賛するかの発言さえ「漢字を読めない元首相」の口から出ているのです。

軍国ファシズムのような策動が現実のものとして再び現れてくることを許した原因は一体どこにあ

るのでしょう。次からそれを探っていくことにしましょう。

(2) 占領政策の性格

あれほどの戦争の惨禍を体験し、飢餓の危機に直面した国民は、歴史の前例を見るならば暴動を起こすのが通例であり、それが革命へと移行した例は珍しくありません。しかし、敗戦後の日本ではそれは起こりませんでした。

アメリカの歴史学者ジョン・ダワーは『敗北を抱きしめて』(上下巻、岩波書店)で、「一般に政治や社会の永続する革命は、下から生まれてくるものである。そして究極的には、革命は必ず現地の社会の中から出発するものである」と述べています。

そうだとすると、戦後の民主改革は下から生まれたものではなく、占領軍によって上から与えられたものということになります。だから占領政策が冷戦の深化によって正反対に転換すると、吉田茂らの保守派によって簡単に失地回復を許してしまうほどの根本的な欠陥を持っていたのです。

では、国民の間に革命の気運が全くなかったのかというと、そうではありません。吉田茂らの保守派が敗戦前から一番恐れたのが、共産革命でした。その恐怖に突き動かされて、国体護持のための即時停戦を必要と主張する近衛上奏文をつくり、統制派から実権を奪おうと企んだのでした。

●戦後日本の改革

アメリカ政府は戦後の初期占領政策をポツダム宣言に基づいて、大日本帝国の解体に目標を置きました。したがって、これは日本の社会、経済、政治をアメリカ流民主主義によって改革しようとするものだったのです。戦争犯罪人には厳重な処罰を与え、公正なる実物賠償を取り立て、軍隊は完全に武装解除されなければなりませんでした。また経済は非軍事化され、軍国主義的傾向を持つものは一切除去されねばならないとしたのです。そして言論、宗教、思想の自由と基本的人権の尊重を実現するとしていました。

また、アメリカ政府はポツダム宣言に沿って「降伏後における米国の初期対日方針」と「包括的軍事指令」を占領軍最高司令官のマッカーサーに送付しました。この膨大なアメリカ総合参謀本部の秘密指令文書は、民主主義の日程をこと細かに管理するよう明示したものだったのです。

この文書を作成したのはアメリカ内務省のニューディール派の官僚たちでした。当時のアメリカ内務省では保守的な「日本派」であった戦前の日本駐在大使ジョセフ・グルーらのグループが勢力を失い、進歩的なニューディール派の改革者であるディーン・アチソンらが実権を握っていました。陸軍省も同様であり、理想に燃えた有能な弁護士であったGHQ（連合国軍最高司令官総司令部）の民生局長チャールス・ケーディス大佐もその一人でした。

秘密指令の内容を以下にざっと列記してみます。

財閥解体／東京裁判の実施／農地改革の実施／言論の自由と政治犯の釈放／婦人参政権の付与

労働組合法の実現／保守派の公職追放／国家神道の分離／民法・刑法の改正／憲法改正

ご覧のとおり、日本社会の全般にわたる改革内容でした。中身は進歩的で優れたものでしたが、改革の仕方はマッカーサーの軍事独裁による新植民地主義的な支配によるものでした。

NHKの番組「クローズアップ現代　知られざる〝同胞監視〟〜GHQ・日本人検察官たちの告白〜」（二〇一三年一一月五日放送）で、GHQは占領直後からその終了に至るまでの七年間にわたり、共産主義活動の監視を主目的に、郵便検閲を行っていたことが放送されました。このことはアメリカの占領政策の裏の側面を物語っています。その姿勢は二〇一五年に発覚した米国家安全保障庁（NSA）による各国要人らの電話盗聴問題につながっているといえます。

マッカーサーの占領政策は、ポツダム宣言の実行であると同時に、アメリカの反共的帝国主義の性格を備えていました。一九四六年五月一九日、皇居前広場に集まったデモ隊が警官隊と衝突して流血の惨事（食糧メーデー）になると、マッカーサーは翌二〇日に声明を出して「暴民デモ」を非難しました。彼はこの抗議運動をソ連と結託した共産党の謀略だと主張したのです。そして一九四八年に二・一ゼネストへと発展すると、マッカーサーはゼネスト禁止令を発令し、ついで同年、政令二〇一号によって公務員のスト権を剥奪しました。翌四九年になるとレッド・パージを行って一万一〇〇〇人の公務員活動家を解雇し、これをマスメディアを含む民間へと拡大していったのでした。

一九五〇年朝鮮戦争が勃発すると、アメリカの占領政策は一八〇度転換し、日本に再軍備を要求する逆コースをたどることになります。民主的改革の過程では多くの抵抗を示していた吉田政権は、ここから先はマッカーサーと呼吸を一つにして協力していったのです。
次からは、保守派吉田政権の対応と政治について検討していきたいと思います。これがその後の日本社会の方向と性格を決定していくことになるからです。

(3) 日本の保守政権の対応

アメリカの単独占領は、アメリカの政策と権力の独占を招き、マッカーサーの権力を天皇以上のものにしました。日本人は天皇にかわってマッカーサーを崇めるようになっただけで、意識の上では変化がありませんでした。鎖は切断されましたが、日本人はこの鎖を断つために一滴の血も汗も流さなかったことを忘れてはなりません。上からの革命は、上からの命令にはお辞儀をして従うよう、全員が社会的に訓練されてしまう「無責任の論理」を一層強めたのです。こうした傾向は現在の我々の意識の中に流れていないでしょうか。

吉田茂首相:「あんた方は日本を民主主義の国にできると思っているのかね。私はそうは思わんね」
チャールス・ケーディス大佐:「やるだけやってみるさ」(『敗北を抱きしめて』(上) 67頁より)

この会話の中には吉田茂の思想と彼の占領政策に対する姿勢、および日本国民への侮蔑的傲慢さが表れています。

吉田が一九〇六年外交界に入った時代は、日本が日露戦争に勝って世界の強国として登場した時でした。彼はその後、三〇年にわたり日本の帝国主義的成長と権益拡張のために外交活動を行ってきた人物であり、太平洋戦争の敗北を予感する程度の先見性を持っていました。そして敗勢を感じて戦後に起こりうる革命的混乱に恐怖し、近衛上奏文を通した的外れな停戦工作に加わり、軍部（憲兵隊）に逮捕された経歴を持っていました。この投獄の経歴が、彼を保守派リベラルであるという誤解に導き、戦後首相の座に押し上げたのでした。

吉田においては、進歩的理想が遅ればせに燃え上がったということは一切ありません。占領以前から形勢を観察し、自分の立場を固守しながら講和を勝ち取る努力をしたのでした。吉田の政策は一九四五年から一九四八年にかけての占領改革期に、アメリカに対して対抗的姿勢と妥協的現実主義で一貫しており、一九四九年以降の占領政策転換後は、アメリカとは協調的な姿勢を取っていきました。吉田は鳩山一郎などの戦前からの保守政治家たちの反対者でしたが、彼の政治の究極の目標は彼らと同じでした。その目標は、以下のものです。

・天皇と国体の存続
・国内の革命勢力の弾圧
・旧勢力とエリート官僚支配の復活
・戦前の財閥支配による経済復興
・西側諸国の一員としての国際社会への復帰

吉田は第二次世界大戦の敗北を、「歴史上のつまずき」として片づけていたのです。

ところがアメリカ国務省の次官であったディーン・アチソンらは、日本社会の構造的問題が軍国主義を招いたと考えて民主的社会改革が必要であるとしました。したがって吉田政権や旧勢力から見ると、アメリカの施策は上からの「行き過ぎた改革」として受け取られます。彼らはこの改革に対してその効果を和らげ、骨抜きにするという方法をとりました。

一方、吉田は一九四一年のゾルゲ事件で逮捕処刑された尾崎秀実が、日本の最も鋭い政治分析家であるのを知っていました。また、トロツキーや毛沢東が日本の戦後には社会革命が起こるだろうと予言していたことも知っていたのです。一九三九年に起こった奉天の排日デモは、共産党に先導されたものであると、吉田は述べています。そして一九三六年にナチス・ドイツと結んだ「防共協定」はまさに共産主義の脅威に対抗するために提唱されたものだと考えていたのです。

したがって、戦後の米ソ冷戦という状況は、吉田にとっては心休まるもの、利用できるものとして受け取られていたのでした。吉田政権の一〇年間の方針は、アメリカの「行き過ぎた改革」を表面的に受け入れて、内実を骨抜きにする、その一方で、国内の革命勢力や民衆レベルの急進的運動に対しては徹底的な弾圧政策を実行するという方針に収斂していくのです。

こうした政治手法は、その後の日本の政治に伝統的に受け継がれていきました。吉田学校と呼ばれた彼の政治塾のメンバーをみてみましょう。優等生の池田勇人と佐藤栄作を筆頭に、岡崎勝男、北沢直吉、西村直己、前尾繁三郎、吉武恵市、大橋武夫を中心に、保利茂、麻生太賀吉（麻生太郎の父親）、愛知揆一、田中角栄、大平正芳、宮澤喜一、松野頼三など、歴代の自民党総裁、首相を輩出しています。

今日私たちの目前で展開されている右傾化の現状は、一九四五年から準備され始めたということができます。次はこの吉田反動政権が、占領軍の改革を骨抜きにしていった過程を説明します。

吉田政権が戦後の共産主義革命を最も恐れていたことは、既にお話ししたとおりですが、一九四六年から四七年にかけての日本の労働運動は、吉田の懸念を裏書きするものでした。

国民は飢餓のどん底に追いつめられ、野放しのインフレはそれに拍車をかけます。失業者は一三〇〇万人を超え、不作によって米や麦の生産は前年の六〇％に落ち込んでいたのです。

工場では資本家が生産を再開する能力を失っていました。そんな中で、労働者たち自身の手によって工場は管理され、生産が開始されました。これは「生産管理闘争」と呼ばれ、自然発生的で原初的なソヴィエト形態と考えられます。左翼と共産党は「生産管理闘争」を支持し、野火のように広がっていきました。

吉田はマッカーサーのゼネスト禁止令によって救われましたが、依然として共産革命の危機は続いていました。吉田はこの時弾圧を強化するために、総司令部内の派閥に目を付けたのです。それは、反ソイデオロギーを持っているチャールズ・ウィロビー少将やロバート・アイケルバーガー中将らのグループでした。

一九四八年になるとワシントン政府内では反共主義が強くなり、ニューディール派は徐々に力を失っていきました。それと同時にウィロビーらと吉田の反共連合は強固なものになっていったのです。

ここから吉田政権の「民主化の逆コース」が公然と始まります。

初期占領政策によって実現された公職追放、憲法改正、労働法制、戦争責任の追及、警察、教育改革などのあらゆる分野で、後退が開始されていきました。

公職追放の解除

ポツダム宣言は戦争責任者の永久追放を宣言していましたが、一九四八年にアメリカは、これらの追放者が日本の軍事や産業の再構築のために必要であり、反ソ防共に役立つであろうと認識を改めます。吉田は直ちにこれらの解除者を高い経済顧問の地位に就けましたが、多くのものを新しい警察、軍事機構の中へ吸収させていきました。

労働法制

占領軍の労働改革は、労働組合法、労働関係調整法、労働基準法の三つの法律で労働者の権利を保護するものでした。吉田は後に何回にもわたってこれらの改正を行い、労働側の権利を奪いました。

- 一九四八年：マッカーサーの指令に基づいて公務員のスト権を剥奪するために、国家公務員法改正と公共企業体等労働関係法を成立させる。
- 一九四九年：労働組合法を改正して組合結成の条件を厳しくし政府の影響力を強める。
- 一九五〇年：レッド・パージを民間にまで拡大し反ソ防共に協力する。
- 一九五三年：石炭および電力産業の争議行為を制限するために、スト規制法を制定する。
- 一九四七年から五四年：労働基準法を六回にわたって改正、中小企業での労働者の権利を制限。

経済力集中排除の放棄

占領政策の大きな目標の一つであった財閥解体は、独占禁止法と過度経済力集中排除法によって行われましたが、実質的には財閥は生き残ってしまいました。それどころか吉田政権は計画的インフレ政策によって大企業中心の傾斜生産を推進したのです。復興金融金庫を設立して資本を石炭、鉄鋼、肥料、電気、造船、繊維に集中して後押ししました。

一九四九年、集中排除法は打ち切られ、同年独占禁止法は修正、五三年には第五次吉田内閣によって大幅に改正され、本来の法の精神を消滅させました。カルテル化、株式保有、法人税と減価償却額、輸出入規制、信用などの点で大企業有利に改正されたのです。こうして財閥は生き残り、朝鮮戦争後の不況に際しても「秘密カルテル」で切り抜けたのでした。

吉田政権の骨抜き政策は、強大な産業・金融集団を育成し、産業の二重構造化（大企業の支配と中小企業の下請け）を進展させていきました。これが高度成長へとつながっていくのですが、多くの中小企業の犠牲の上に成立したものであることを忘れてはなりません。吉田の経済政策担当者であった池田勇人は、「貧乏人は麦を食え」だの「五人や十人の業者が倒産し、自殺してもそれはやむをえまい」と放言していますが、吉田学校の優等生として吉田政権の本質をあらわしています。

これらが示しているのは、明治以来日本政府が持ち続けた体質であり、戦後も一貫して続いているといえます。国民を国家のための道具と考えて、それを犠牲にすることに何の躊躇も感じないということなのです。

警察機構

初期占領政策では内務省の解体と警察機構の大幅な地方分権化が俎上に載っていました。警察については人口五〇〇〇人以上の市町村は各々自治警察を維持管理することとされていたのです。ところが地方自治体は財政負担に耐えることができず、一九五一年の警察法改正で約八〇％が自治警察を返上してしまいました。吉田は当時中央に保安省を設けようとしていましたが、これは占領軍に認められず実現しませんでした。しかし一九五二年の警察法改正によって総理大臣が警察制度を統括する権限を強化し、五四年には制度全体が再編成され、国家公安委員会が総理大臣の管轄下におかれ、委員長には国務大臣の地位が与えられました。そして警察庁が創設され、全国に地方局が設置されて警察制度が再び中央集権化されたのです。これは実質的に内務省の復活といえるものでした。地方警察業務は市町村から都道府県に移され、警察職員は地方公務員となったのですが、上級職員は国家公務員としてエリートとなりました。

司法制度

戦前の司法は治安維持法のもと、特高警察の拷問による「自白調書」を証拠として裁判が行われ、そのほとんどが有罪判決を受け極刑に至る過程を踏みました。

戦後、日本国憲法のもと、第三六条拷問・残虐刑の禁止、第三七条刑事被告人の諸権利、第三八条不利益供述の不強要、自白の証拠能力など基本的人権の諸規定によって人権は守られているかに思えますが、実際の裁判においては多くの冤罪判決が発生しています。その原因は吉田政権による司法制度の戦前回帰に起因しているのです。

日本国憲法第七九条では、最高裁判所において、長官を除く裁判官は内閣が任命すると定められています。ですが、任命の基準や方法については一切示されていません。つまり内閣のフリーハンドで最高裁判所の判事が構成されることを許しているのです。日本の司法が三権分立の独立性を失い、最高裁判事の国民審査という形式だけを残して、政権の飼い犬となった原因は、憲法七九条一項そのものに由来しています。この点に関して他国の制度を見てみますと、

米2条2節…大統領は、元老院の助言と同意を得てこれを任命する。

独95条………最上級裁判所として連邦通常裁判所、連邦行政裁判所、連邦財政裁判所、連邦労働裁判所、連邦社会裁判所の五つの裁判所に分け設置する。それぞれの連邦大臣が、裁判官選出委員会と共同して裁判官の任命を行う。

仏V56条……憲法院の構成員三名は大統領により、三名は国民議会の議長により、三名は元老院の議長により任命される。これらの任命は当該院の権限ある常任委員会の助言にのみ服する。憲法院の院長は大統領が任命するが、各委員会の反対票の合計が五分の三に達する時は、大統領は任命に進むことができない。


吉田政権下で、田中耕太郎が最高裁長官となって以来、日本の司法制度は独立性を失っていきました。彼は第一次吉田内閣で文部大臣になり、一九四六年には日本国憲法に副署します。その後、最初の参

議院選挙に当選し議員となり、一九五〇年第二代最高裁判所長官となりました。吉田は自分の息のかかった田中を最高裁長官に据えることによって、司法を自由に操ることができるようになったのです。

田中の判決手法は、裁判官の「自由心証主義」という、裁判官が「自白調書」から受けた自由心証によって判決を決定するもので、これは戦前の拷問によって自白を強要しそれを証拠として量刑を決定した方法に通底するものです。

現在の日本の刑事訴訟法には、「刑事訴訟法三一七条〈証拠裁判主義〉事実の認定は、証拠による」と「刑事訴訟法三一八条〈自由心証主義〉証拠の証明力は、裁判官の自由な判断に委ねる」という相矛盾する条文が並んで存在するのは、以上の経緯に由来するものと考えられます。

田中が関わった重要な判決を軸に、その影響が現在の冤罪事件にまでつながっている事実を検証してみましょう。戦前の拷問による自白証拠の方法が、「人質司法」と言われる別件逮捕で長時間拘束する手法や、警察・検察・司法が一体となってストーリーを作り上げそれに沿って自白を強要する「判検一体」などの現実を見ることができます。

―帝銀事件（一九四八年）

帝国銀行椎名町支店における毒物による強盗殺人事件。別件逮捕による自白（一九五〇年）。一審東京地裁判決・死刑（一九五五年）。最高裁大法廷判決・田中耕太郎裁判長・死刑（一九八七年）。平沢被告九五歳で獄死。

ⅱ三鷹事件（一九四九年）

三鷹電車区の電車を無人で暴走させ六名が轢死、一〇名が重軽傷。国鉄職員一〇万人の人員整理の中、国鉄総裁の轢死体が発見され（下山事件）、朝鮮戦争前夜の不穏な状況下で起こった。事件の翌日、吉田茂首相は総理大臣声明として新聞各紙に「不安をあおる共産党」という記事を発表した。この声明に呼応して検察は、三鷹電車区の元執行委員や二名の共産党員を逮捕した（一九五〇年）。東京地裁判決・二名の共産党員・無罪、一名を自白強要により無期懲役（一九五一年）。東京高裁判決・一審無期懲役を死刑に（一九五五年）。最高裁大法廷・田中耕太郎裁判長・四年の歳月を費やしながら口頭弁論を開くことなく、書面審査だけで上告棄却・死刑確定。

ⅲ松川事件（一九四九年）

東北線金谷川駅と松川駅間にあるカーブのレールを外し、列車を転覆させた致死事件。官房長官増田甲子七は、この事件を国鉄労働者の大量解雇反対闘争の一環だと決めつけた。警察はその線に沿って国鉄労働組合福島支部と東芝松川工場の組合員に狙いを絞る見込み捜査を行った。二〇名の組合員を逮捕、うち一〇名に死刑が求刑された（一九五一年）。原一審福島地裁判決・全員有罪・うち五名死刑（一九五五年）。仙台高裁判決・一三名有罪・うち四名死刑・三名無罪（一九五九年）。最高裁大法廷判決・この時検察が七年間隠匿していた諏訪メモが提出され、被告のアリバイが成立して原二審判決破棄、仙台高裁差戻しとなった。この時田中は「真実を見失っている」などと多数意見に反対した。僅差の勝利であった（一九六一年）。第二次二審仙台高裁・門田裁判長判決・全員無罪。検察上告。第二次上告審は検察上告を棄却。

ⅳ練馬事件（一九五一年）

共産党員数名によって巡査を乱打し、死亡させたとする警察官殺人事件。他人の自白によって逮捕する「共謀共同正犯」（戦前の大審院判例によって形成されたもの）が最高裁大法廷の田中によって復活され、継承された。田中が最高裁長官に就任するこの事件の直前（一九四九年）、最高裁大法廷判決では、憲法三八条三項の規定により他のものの供述はそれだけでは証拠能力を有しないとして「共謀共同正犯」を認めないことを確認していた（一九五三年）。東京地裁判決・共産党員一〇名を有罪とし、一名を無罪とした（一九五三年）。東京高裁判決・谷中薫裁判長は共謀共同正犯を認め有罪とした（一九五八年）。最高裁大法廷判決・田中耕太郎裁判長は原審判断を是認し大法廷判断を変更した。

ⅴ横浜事件（一九四二年）

細川嘉六が雑誌『改造』に掲載した論文「世界史の動向と日本」が、共産主義の煽動であるとして検挙された。それに関係する雑誌編集者ら六〇名以上が拷問され検挙された。うち四名が獄死。戦後遺族が国家賠償請求した訴訟において拷問の実態が明らかとなった。戦前の思想検事は特高と大審院一体の活動をしていたため、公職追放を受けた。しかし一九五二年、吉田内閣の公職追放令廃止の後、思想検事であった池田克は、田中耕太郎のリーダーシップのもとにあった最高裁に判事として起用されたのであった。池田は、細川を中心としたメンバーが共産党組織の再建準備運動を行っているという捜査状況を帝国議会に報告している。この事件は池田らによるでっち上げ事件であった。その池田が今度は田中のもとで最高裁判事の一員として、松川事件を裁く側に就くのである。一九九四年、元被告の編集者たちは再審請求をしたが、訴訟記録がないとして棄却。一九九八年第三次再審請求、二〇〇三年横浜地裁、再審開始決定。

vi 砂川事件(一九五五年～一九五七年)

一九五五年、立川基地の飛行場拡張のため、特別調達庁東京調達局が基地内の民有地の測量を始めた。これに対して反対した砂川の人々千人余りが気勢を上げたため、境界柵が数十メートルにわたり倒壊、基地内に数メートル立ち入った人々が安保条約二条違反に問われた。一審東京地裁・伊達秋雄裁判長判決（一九五九年）では、米国軍隊は憲法九条第二項によって禁止されている陸海空軍その他の戦力の保持に該当するとして被告七名を無罪とした。これに対して検察は二審をとばしていきなり最高裁に審議を持ち込む飛躍上告を行った（一九九五年）。最高裁大法廷判決では、田中耕太郎裁判長は一審伊達判決を棄却。差し戻し審（一九六一年）東京地裁では、岸誠一裁判長判決は有罪。

二〇〇九年、アメリカ国立公文書館で砂川事件に関するアメリカ政府文書が発見され、その中で米国大使と藤山愛一郎外務大臣が協議を重ねる中、米大使が最高裁への飛躍上告を提案したこと、田中耕太郎最高裁長官自身による米側への情報提供があった事実が明らかとなった（司法の独立の蹂躙）。

こうして戦後の司法制度から司法の独立が骨抜きになっていった結果、安全保障法制二法などのように本来憲法改正しなければ成立しえない法律が、閣議決定の手法でまかり通ることを許すまでになります。またその後の一般的な裁判においても別件逮捕による「人質司法」や長時間の取り調べによる脅迫、自白の強要が無くならず、冤罪事件が多数発生するのです。その実例をいくつか検証してみましょう。

ⅶ布川事件（一九六七年）

茨木県布川在住の大工殺人事件。別件逮捕による自白。判検一体のでっち上げ。四四年かけて再審無罪。

ⅷ貝塚ビニールハウス殺人事件（一九七九年）

大阪府貝塚市のビニールハウス内での強姦殺人死体遺棄事件。少年は警察から暴行を受けたため自白。他四名の共犯を認める。一審判決一名懲役一八年、他四名懲役一〇年（一九八九年）。再審無罪。八年間収監。

ⅸ足利事件（一九九〇年）

女児誘拐殺人。幼稚園の送迎バス運転手を見込み捜査。自白とＤＮＡ鑑定により起訴。一審判決・無期懲役。二審最高裁・上告棄却。ＤＮＡ鑑定やり直しの結果、一審のＤＮＡ鑑定が誤りであることが判明。東京高裁再審開始決定、宇都宮地裁再審判決・無罪（二〇一〇年）。一一年間収監。

X 飯塚事件（一九九二年）

福岡県飯塚市の女児二名、誘拐・殺人・死体遺棄事件。

この事件は①車がダブルタイヤであったという目撃証言、②容疑者のＤＮＡ鑑定、③少量の血液型の一致、④車のシートの繊維の証拠により起訴（二〇〇〇年）。一審福岡地裁・死刑（二〇〇二年）。福岡高裁・控訴棄却（二〇〇七年）。最高裁・控訴棄却（二〇〇九年）。死刑執行。

しかし①から④の証拠は、いずれも状況証拠のレベルを出ないものであって、死刑執行後の再審請求資料によれば、①については証言に誘導の可能性があったこと、④のＤＮＡ鑑定には証拠フィルムに赤のペンで手が加えられていたことが判明した。この当時のＤＮＡ鑑定はＭＣＴ一一八型鑑定といって確度の低いものであった。科学警察研究所の検査技師がフィルムに手を加えたのだった。ＤＮＡ鑑定に詳しい日大の石山教授は、科学警察研究所の説明に対して鑑定の確度について疑問を述べた意見書を検察に報告していたが、検察はこれを無視していた。また当時警察庁の長官としてＤＮＡ鑑定の導入を指揮していた國松孝次長官は、石山教授に対して、このような意見を言ってもらっては困るという発言をしたということである。それがもし事実であれば、司法に対する政治介入である。そしてこの事が死刑確定からわずか二年で死刑が執行された理由ではないかと疑われるのだ（二〇二二年二月）。弁護人は第二次再審請求を提出した。死刑が執行された後に再審請求がなされるというのはこの事件だけである。

二〇二二年一一月九日夜、葉梨康弘法務大臣は自民党の会合で「法務大臣になり三月になります。だいたい法務大臣というのは、朝、死刑のはんこを押して、それで、昼のニュースのトップになるのはそういう時だけだという地味な役職なんですが、今回はなぜかこう、旧統一教会の問題に抱きつかれてしまいました」と発言した（二〇二二年一一月一一日朝日新聞朝刊）。これが世論の大顰蹙をかって、辞任に追い込まれた。

この発言について、飯塚事件の第三次再審請求を続ける岩田務弁護士は「法相の職務は国家が一人の人間の生き死にを左右する極めて重要な仕事だ」、「自分の仕事を理解していない人にははんこを押す資格はない」（二〇二二年一一月一二日朝日新聞朝刊より）と語る。

xi東電OL殺人事件（一九九八年）

ネパール人がDNA鑑定により逮捕。検察は被告に有利な証拠を隠蔽。一審判決は「疑わしきは被告人の利益に」として無罪。検察控訴、二審東京高裁は一審判決破棄、無期懲役。最高裁は上告棄却。その後弁護人による新たなDNA鑑定、再審東京高裁判決で無罪。

xi東近江患者死亡事件（二〇〇四年）

病院職員の過失致死という検察のストーリーによる見込み捜査。不当な威嚇と執拗な強要。一・二審ともに懲役一二年。再審請求三回棄却。第二次再審大阪高裁再審決定（検察が隠蔽していた痰詰まりの可能性を記載した調査報告書が発見される）。大津地裁判決で無罪。一六年間収監。

教育制度

教育制度の民主化は高い優先度が与えられていました。なぜなら軍国主義と超国家主義を育てたのは、一部のエリートとその他の国民との間の高度に階層化した抑圧的教育に原因があると占領軍は考えていたからです。

一九四五年、国史、地理、修身の科目が停止され、四七年には教育基本法が成立しました。同時に学校教育法が制定され制度面から民主化を実現しようとしました。同年、国定教科書が廃止され、文部省の権限は削減されましたが、文部省は引き続き教育指導を行っていたのです。一九四八年教科書法が制定され、教科の決定と教科書の選択は個々の学校に任されました。

一九四八年、教育委員会法が成立し、選挙制による教育委員会が都道府県に、二年後には市町村にも導入されました。一九四九年には文部省設置法が施行され、文部省の役割は技術的、勧告的なものであると規定されます。これは教育政策の主体が都道府県教育委員会にあることを意味しています。

吉田はこれらの改革は「行き過ぎの改革」だとして反対、明治政府の国策を表した五か条の御誓文や明治憲法も民主的なものだと主張し、果ては教育勅語も民主的なものだと言い張りました。

一九五一年、吉田政権の教育諮問機関は、教育委員会を都道府県と五大都市に集中し、公選制によらず任命制として文部省の影響力を強める答申をしました。ここから吉田の逆コースが始まるのです。

一九五二年には文部省設置法改正案を成立させ、「文部省は、学校教育、社会教育、文化を振興する義務を負い、上記に関する行政管理義務を遂行する」としたのです。

一九五六年には地方教育行政の組織運営に関する法律が成立し、教育委員会は公選制が廃止され、地方議会の承認を得て地方の首長が任命するものとされたのです。また都道府県の教育長は知事が文部大臣の承認を得て任命することとなり、一段と文部省の権限が強まりました。

教員を任免する権限は地方教育員会から都道府県教育委員会に移され、また文部大臣には都道府県教育委員会を「指導、勧告、助言」する権限が与えられ、都道府県教委は市町村教委に対して同じ権限が付与されたのでした。同時に教育委員会に与えられていた予算編成権も取り上げられてしまいました。こうして教育自治の思想は消滅し、再び文部大臣を頂点とする中央集権的教育行政が復活していったのです。

教育内容、教科書とカリキュラムの統制は教育統制の最終目標ですが、一九四八年、教科書検定制度が始まり教科内容に対する政治介入が踏み出されました。歴史教科書は子供たちに歴史を教える最も身近な資料となるものですが、その内容を政府の意向に即して官僚が決定するようになったのです。

一九六五年、東京教育大学（現筑波大学）の教授だった家永三郎は、自著の高等学校用社会科教科書『新日本史』が検定によって不合格となったことについて、「検定制度は憲法違反だ」として国を訴えました。以後三二年間にわたって法廷で争ってきたのですが、最終的に一九九三年の最高裁第三小法廷において、南京大虐殺、七三一部隊、草莽隊の年貢半減公約、日本軍の残虐行為に関する記述についての検定は違法としたものの、検定制度は合憲とされました。ここでも司法の独立は見られませんでした。

それから二年後の一九九五年に、九二年に執筆した高校教科書についての検定意見をめぐり、高嶋伸欣が国を相手取り横浜教科書裁判を起こしました。この裁判は横浜地裁では高嶋勝訴となりましたが、二〇〇五年、最高裁が上訴を棄却し、高嶋の敗訴が確定しました。

その後、検定制度は徐々に強められ、安倍政権はついに政府見解を教科書に載せるよう圧力を強めていきました。そして二〇二一年菅義偉政権は、閣議決定で「従軍慰安婦」の記述変更を教科書会社に迫りました。その結果すべての教科書会社は要求を受け入れ「従軍」の二文字を削除あるいは政府見解を入れるなどの変更をしたのです。

しかし、京都大学大学院の永井和教授は、陸軍省副官から北支那、中支那方面軍参謀にあてた「北支派遣軍慰安酌婦募集ニ関スル件」（一九三八年一月二五日付）という文書など数点を発見し、慰安所は軍が設置した軍の施設であることを証明しています（二〇一五年七月二日付『朝日新聞』朝刊）。

歴史の事実を知り認めることは、時に痛みを伴うことがあります。しかし、それをしなければ国民を盲目にし、同じ過ちを犯すことになるでしょうし、国際的な信用を失うことにもつながるのです。

日本の歴史教育においては、特に古代日本社会の成立についての事実が長い間隠蔽されてきました。天皇家が、南朝鮮にあった伽耶国といういくつかの部族国家の一つの血を引く人々の集団であったことや、縄文系民族や弥生人などとの混交の結果大和朝廷が成立した過程などを教えることがタブー視されてきたのです。

吉田の教育政策における民主化の逆コースに話を戻しますと、一九五三年、彼は、戦前の内務官僚で追放されていた大達茂雄を文部大臣に起用し、日教組攻撃を強めていきました。

一九五四年「教育公務員特例法」改正と「義務教育諸学校における教育の政治的中立の確保に関する臨時措置法」を成立させ、日教組の政治的影響力を弱めようとしました。吉田政権が終わったとき、文部省はその権限のすべてを取り戻していたのです。

私たちの社会が軍国主義時代の多くの痕跡をとどめている原因は、吉田時代の政治にあることがわかります。そしてそれが自民党の反動政治につながっています。したがって自民党はファシズムのDNAを持っているともいえるでしょう。

(4) 戦争責任

●降伏宣言から

一九四五年八月一五日、正午からラジオで流されたヒロヒト天皇の「終戦の詔書(いわゆる玉音放送)」は、日本が戦争を行ったのは日本の生存とアジアの安定のためであったと述べたうえで、日本の戦争行為の正当性を訴え、天皇の道徳性の再確認を行いました。そして広島、長崎の原爆投下にふれ、降伏の決断は敵の残虐な爆弾から民族と人類を救うために行ったと述べました。また天皇は臣民の犠牲は自分の苦しみであり、自分は国家苦難の体現者であり犠牲者であると発言したのです。

こうして満州侵略、中国との全面戦争を事実上認可し、太平洋戦争の「開戦の詔書」にサインをし、印鑑を押すという宣戦布告(御名御璽(ぎょめいぎょじ))をした天皇は、自分の責任が問われないように、また日本の侵略行為、残虐行為を否認しながら戦争の負けを認める降伏宣言を行ったのです。

一九四五年二月、近衛文麿が上奏文で天皇に停戦を申し出た時、ヒロヒト天皇は「もう一度戦果を挙げてからでないと、なかなか話は難しいと思う」と拒否したのでした。その後の六か月間に沖縄戦、特攻、東京その他の都市の空襲、広島、長崎の原爆投下、ソ連参戦、南方戦線での敗北が発生し、百万を超える国民が死に追いやられました。

海軍少年兵として戦艦武蔵に乗り組んでいた渡辺清という青年の日記を引用してみます。

それにしても情けないのは、あれだけ破滅的な大戦争をしておきながら、「それを仕組んだのは自分だ」と言って名乗り出るものが一人もいないということだ。……とにかく偉い人ほど他人に向かって道義の大事を説くが、それがいざ自分のことになると、その不感症ぶりは、まさに白痴に等しい。まったくひどい話だ。

だが恐ろしいのは、これが国民に与える心理的な影響だろう。わけても天皇のあり方は、「天皇さえ責任者としての責任を取らずにすまされるのだから、われわれは何をやっても責任なんてとる必要はない」というような恐るべき道義のすたれをもたらすのではないか。つまり国ぐるみで「天皇に右へならえ」ということになってしまうのではないか。俺にはそんな予感がしてならない。

(小熊英二『〈民主〉と〈愛国〉――戦後日本のナショナリズムと公共性』新曜社、113頁)

そして彼の予感は的中します。敗戦とともに自殺したのは数百人で、そのほとんどは軍人でした。これはナチス・ドイツとほぼ同じ数で、玉砕を叫んだ高級将校のほとんどは生き延びたのでした。しかも彼らは証拠書類を焼却したり、軍の貯蔵物資を売却したりする仕事に没頭したのです。軍の全物資の七〇%、当時の金額にして一〇〇〇億円が闇市に横流しされ消滅したのでした。

そして、アジアの国々に対する無責任は、賠償問題にもあらわれていきました。例えばフィリピン、インドネシア、南ベトナム、ビルマに供与した賠償（総額二五六五億円）は、戦争で与えた被害に対する償いという名目だったにもかかわらず、すべて日本企業による生産物と役務の提供に限られました。つまり、アジア諸国から原料を提供してもらって日本が加工して送り返すという役務賠償に限定されたのです。そして、これは後に日本企業が東南アジアへ経済進出する足掛かりになったのです。

一九七五年の天皇訪米に先立って、ニューズ・ウィークの東京支社長が天皇と単独会見し、次の質問を行いました。

戦争終結にあたって陛下が重要な役割を果たされたことはよく知られておりますが、日本を開戦に踏み切らせた政策決定にも陛下が加わっていたと主張する人々にどうお答えになりますか。

これに対し天皇裕仁は「戦争終結時に私は私自身の決定をした。というのは首相が閣内で意見をまとめることができず、私に意見を求めてきたからで、私は自分の意見を述べ自分の意見に従って決定した。戦争開始の際は閣議決定があり私はその決定をくつがえすことができなかった。私は、これは日本の憲法に合致すると信ずる」と答えました。

天皇の答えに、グアム島から帰還した横井庄一氏はこう語っています。

天皇陛下は実に意外なことを言われました。私は天皇陛下の赤子として陛下のご命令により、陛下のために戦いに行ったと心からそう思っていたのです。それが戦争は軍部が始めた、私はノーと言えなかった、軍部に利用されたのだと言われる。正直言ってがっかりした。何のためにグァムであれだけ辛抱したのだろう。（『週刊朝日』より）

陸軍中野学校卒の情報将校だった小野田寛郎氏はフィリピン・ルバング島で戦後三〇年間〝任務〟を遂行したが、彼は「上官の命令は朕の命令であり、絶対だった。そして戦った。敗戦後日本人は誰も天皇の責任について言及しなかったようだが、天皇は自ら責任を取るべきだった。そうされた場合、あるいは国民の間から天皇は潔く責任を取られた立派な方だから再びその席に座ってほしいと要望が出ていたかもしれない。そこんところをあいまいにしたことが今の無責任時代の源流になったのではないか（『朝日ジャーナル』）」と語っています。

一九四七年、天皇がマッカーサーと会談した時に、「戦争の責任は自分にあり自分の一身を持って責任を負う」と発言したというマスコミの報道は事実ではありません。この時通訳を務めた奥村勝蔵の会見記録が後に刊行されましたが、そのような発言はどこにもないのです。

●日本人の加害責任

A級戦犯はもとよりB・C級戦犯の裁判では、被告たちのほとんどが自分たちを戦争の犠牲者だと言っています。そしてヒロヒト天皇がその犯した悪事あるいは戦争責任を赦免されたように、戦犯として訴追された者たちも、戦火の中でしてしまったことだから、と国民は暗黙の裡に赦していたのです。しかし天皇の戦争責任を隠蔽してはなりません。なぜなら、それは再び戦争を引き起こすことにつながる恐れがあるからです。

その後、戦没学生の遺稿集『きけ　わだつみのこえ』などが出版されて戦争の悲惨さが語られ、国民は学徒兵が若い命を犠牲にして戦場に散った不運に同情して涙をしぼりました。しかし加害の事実は語られず、学徒兵もアジアの人々に対して残虐行為を加えた裏の反面を忘れていったのです。そして国民全体が被害者意識にとらわれていき、この被害者意識は戦争の惨さを薄め、戦争に対する抵抗感をなくしてしまうことに繋がっていきました。

戦争の危機は昔話ではありません。現在のものです。あれほどの敗戦を体験した日本人がどのようにして戦争の責任を忌避し、あるいは忘れていったかを問うことは、戦争に反対するための大きな教訓になるのです。そこで次に、日本の各階層がどのように戦争責任を合理化していったかをみてみましょう。

●戦争責任の合理化

終戦直後に東大総長になった南原繁は、戦時中の学徒出陣に際して「光輝ある日本」の使命を支えよと教え子たちを鼓舞しましたが、戦後、思想的転向を行いました。戦争の勝者は「理性と真理」であり、その理想を担っていたのは米英だったと言説を変え、昨日までの鬼畜米英を逆転評価しました。そして戦争責任は無知と無謀の軍部が負うべきだと述べました。また、自分は耐えがたきに耐えて天皇と同じく十字架を背負うというのです。学徒を国民的罪悪に対する贖罪の犠牲といいつつ、アジアの犠牲には触れず、東大が侵略推進に果たした協力についても沈黙しました。

彼の思考方式は多くのインテリのものと同様でしたが、海軍少年兵として戦艦武蔵に乗り組んで生還した、渡辺清が予感した「天皇の右へならった」一例となりました。また学徒を国民的罪悪の贖罪としたのは、戦後初の総理大臣となった東久邇宮稔彦王の言った「一億総懺悔」と同じ自己本位の論理でした。

『鞍馬天狗』シリーズやノンフィクションの『パリ燃ゆ』などで知られる作家の大佛次郎は、戦争を「過去の垢」と考えました。それを捨てることで新しい文化・社会を築き上げて国民の犠牲を意味のあるものにすることができるとしました。忘却は癒しなりということでしょうか。

文藝春秋社の創始者で、戦時中、文学者の動員に大きな役割を果たした菊池寛は、言論の自由を抑圧した国家指導者が惨敗をもたらしたといいました。自分は抑圧に反対することもなく協力した身であるのに。彼も「右にならって」軍部に責任を押し付けたのです。

戦時報道によって戦争協力したジャーナリスト・グループは、既存の資料や個人的知識をもとにして暴露本をつくり、軍人に責任を押し付けました。これらの人々は、特に東條英機を具体的なスケープゴートとして見出したのです。

さらに、原爆を使用したアメリカは科学力に優れていたから勝利した、という論理も持ち出されました。われらは敵の科学に敗れたのだから科学を振興すべきだというのです。南原もそう述べています。

あるいは仏教に帰依して懺悔する、という人も現れました。たとえば京都大学の哲学教授として民族国家イデオロギーを支えていた田辺元は、親鸞の思想を拝借して生まれ変わり絶対平和の道を見出しました。

国民全体の意識としては、多くが自分を「罪のない傍観者」とみなしていました。これに対し歴史学者の津田左右吉は、国民に反抗する気力のなかったことを指摘しました。評論家の阿部真之助は国民がだまされた愚かさに責任があるといいました。

一方、左翼や共産党は、国民は国家とその抑圧的エリート支配者による搾取の犠牲者としました。ここでも国民に被害者意識を植え付けることになります。またこう規定することによって、戦時中転向したマルクス主義者が積極的に戦争協力をした責任を免除する結果になりました。転向した人々が戦後共産党の役職についているのをみて、政治学者の丸山真男や中国文学者の竹内好が共産党から離れ、独自の思想を深めていった理由がここにあったといえます。

哲学者・評論家であり、アメリカのプラグマティズムを日本に紹介した鶴見俊輔は、「もっとも戦争責任から自由な共産党によって始められた戦争責任の追及運動は、結果的には共産主義運動に反対する人々のリストをつくる仕事に発展し、そのため魅力を失って解消した」と言っています。さらに彼らはそのリストを占領軍にも提出するという決定的な誤りを犯しました。共産党のセクト主義と権威主義がうかがえます。

●教育の戦争責任

最後に教育の戦争責任についてみてみましょう。

一九七九年に『教育の戦争責任』（明石書店）を著した教育学者の長浜功は次のように言っています。

明らかな図式は本来、子供や青年の命を守るべき教師が加害者として彼らの前に君臨し、子供や青年たちはその被害者となったということである。（中略）教師はこどもや青年の人権を守り、その意識を高めていくことが彼らの使命である。その彼らが、体制がそうなっていたから、それに従うのは当然とする根拠はどこにもない。（長浜功『教育の戦争責任』明石書店、17〜18頁）

そして、とくに教育学者の責任は重いとしています。長浜は一五人の学者の名をあげて厳しく問いかけました。ほとんどの学者は自分の戦争協力について反省するどころか、協力した部分を隠蔽して戦後教職に復帰しているのですから、これも当然でしょう。

そんな中、ただ一人だけ自己批判をした教育学者が宗像誠也でした。彼の考えをみてみましょう。宗像は戦時中、国民生活学院の校長として天皇制教育を実践しました。彼は「私がズリ落ちた直接の原因は牢屋へ入れられる恐怖であった」と述べています。そして「ズリ落ちを早めたのは、私が教育者であったことである」と続けています（宗像誠也『私の教育宣言』岩波新書、180頁）。

長浜はこれを、自己の戦争責任を免罪させようとする潜在意識の現れだと指摘しています。「教育者は模範でなければならない」ということを理由に、彼は己を教育者にすり替え、なすりつける仕方で、自己批判をすり抜けたのだと厳しく批判しています。これは教師聖職者論の陥る落とし穴と言えます。

さて終わりに、先に取り上げた復員少年兵の渡辺清は、「無責任な天皇を信じ切っていた自分自身も許せない気がする。おれ自身の無知に対する責任がおれにあるのではないか。おれ自身がその戦争を賛美し、志願までして参加した人間だという事実」を認め、「だがもしそこ（南京）に居合わせたら、おれだって何をしでかしたかわからない」と考え、こう結論付けました。「おれは今度の戦争は終始全面的に協力したが、戦争に協力した責任は、今後いかなる戦争の企てにも協力しないことによってしか償うことはできない」（『民主と愛国』116〜117頁）。

このような人々によって憲法九条は支持されてきたのです。

（5）新憲法はアメリカが押し付けた？

ポツダム宣言は第一〇項で「日本国政府は、日本国国民の間に於ける民主主義的傾向の復活強化に対する一切の障害を除去すべし。言論、宗教および思想の自由並びに基本的人権の尊重は確立せらるべし」と述べています。

第一二項には「前期の諸目的が達成せられ、かつ日本国国民の自由に表明せる意思に従い、平和的傾向を有し、かつ責任ある政府が樹立せられれば、連合国の占領軍はただちに日本国より撤収せらるべし」とあります。

一九四六年一月、ワシントンの政策担当者はマッカーサーに極秘電報を送り、日本の統治体系を改革して参政権、国民による行政の支配、選挙民を代表する立法部の強化、基本的人権の保障、地方自治の拡大を実現するよう求めたのです。

マッカーサーは憲法改正の必要性を感じてはいたものの、旧憲法のいかなる修正も日本政府が自ら行うべきであると考えていました。そこで、当時東久邇内閣で国務大臣を務めていた近衛文麿に憲法改正を実施するよう告げたのです。これを受けて近衛は「帝国憲法改正要綱」をまとめました。この内容は、天皇の権限が乱用されることのないよう非常大権の条項を削除し、国民の意思に従属することを明確にする必要があると述べています。その意味においては、占領政策の意図を把握した内容でした。ところが近衛が戦犯に指名され、自殺してしまったため、この案は日の目を見ることなく終わってしまったのです。

憲法改正の試みは、次の幣原喜重郎内閣に託されました。外交官出身の幣原は憲法問題調査委員会をつくり、委員長に商法の専門家であった松本烝治を憲法改正担当の国務大臣に任命しました。しかし幣原や松本、吉田のような支配層にとっては、憲法を改正するようなことはとんでもないことで、明治憲法を民主主義的に解釈するだけで十分だと考えていたのです。そして出来上がった松本案は、四つの原則を掲げていました。

・天皇が統治権を総攬せられるという大原則には何ら変更を加えないこと。
・議会の議決を要する事項を拡充すること。
・国務大臣の責任を国務の全般にわたるものたらしめ、国務大臣以外のものが、国務に対して介在する余地なからしむこと。
・人民の自由及び権利の保護を強化すること。

この原則にしたがって出来上がった憲法案は、明治憲法の字句を一〇項目修正しましたが、基本的人権と自由の権利は理解されることがありませんでした。この松本委員会には、美濃部達吉が入っていましたが、自由主義憲法の理論家であり天皇機関説で東大を追われた彼でさえ、基本的人権については関心を示していなかったばかりか、彼は明治憲法の改正の必要のないことと、「大日本帝国ハ万世一系ノ天皇之ヲ統治ス」（明治憲法第一条）という天皇の絶対的地位をそのまま肯定したのでした。戦前のエリートがいかに保守的であったかが示されたといえます。

一九四六年二月、松本草案が毎日新聞にスクープされると、マッカーサーとGHQ民生局は日本政府に憲法改正の能力なしと判断して、以後民生局（通称GS）が指導することとなりました。

一方で毎日新聞のスクープ以後、国民の中から様々な憲法案が出されました。当時の国民の八〇％近くは天皇の地位の変更を希望していました。一九四五年の秋から一九四六年三月にかけて、およそ一二の憲法案がつくられました。このうちマルクス経済学者の大内兵衛や後に文部大臣になる社会思想家の森戸辰男らによって結成された憲法研究会の憲法案は、社会党案と共に「天皇を儀礼的存在にする」といった非常にリベラルな内容で、民生局にも影響を与えました。

天皇制廃止を掲げたのは、共産党案と社会運動家で四六年から日本放送協会（NHK）会長も務めた高野岩三郎案で、共産党案は明らかに一九三六年のソ連のスターリン憲法を翻案したものでした。長期にわたり衆議院議員を務めた古参政治家の尾崎行雄と憲法学者の稲田正次らがつくった憲法懇談会案は、イギリス式の議会の中の国王、つまり「君臨すれども統治せず」という位置づけでした。そして天皇制存続を謳ったのは自由党案と進歩党案、大日本弁護士会連合会案などでした。部落差別反対運動の先頭に立っていた松本治一郎は、九州、関西、関東、東北には各々大統領と内閣を置く、という日本共和国連邦案を提出しました。

今日、日本国憲法はアメリカから押し付けられたものだから自主憲法をつくろうだとか、憲法を今の状況に合わせせろという議論が横行しています。しかし日本国憲法が成立するまでのこうしたいきさつをみてみると、今の日本国憲法が当時の日本人の様々な意見を踏まえて制定されたのだ、ということがわかります。

また、ＧＨＱの指導を招いたのは日本政府の無能力に原因があったのだから、それは日本政府の責任だったといえます。幣原内閣の憲法問題調査委員会（松本委員会）の認識の甘さとエリート意識は、民生局の助言をことごとく拒絶し、自ら破綻したといえるでしょう。

松本草案がスクープされると、多くの私的団体や個人が憲法案を提案しました。そして、それらの大半が自由主義的で進歩的なものでした。メディアは松本案を反動的なものとして批判し、それは国民の強い支持を得ました。ではなぜマッカーサーは、日本人に憲法改正を任せなかったのでしょうか。

その理由は、一九四六年二月の終わりにアメリカの首都ワシントンで極東諮問委員会が発足することになったからでした。この委員会は、米英ソ連など各国の代表委員で構成され、対日占領政策に影響を与えましたが、その出先機関の対日理事会は、マッカーサーがその決定に服さなければならないほどの強い権限を持っていました。加えて、米ソ冷戦構造が強まっていく中で、マッカーサーにとって、新憲法制定のための時間的余裕などなかったからなのです。

そこで彼はＳＣＡＰ（連合国軍最高司令官総司令部）主導で改定案をつくるのに先立って、マッカーサー三原則を打ち出しました。

・天皇の地位は憲法に基づき行使される。天皇は国家の元首の地位にある。
・戦争の放棄。
・貴族、華族の廃止。

マッカーサーは天皇制を存続させたいと考えていました。いったいなぜでしょう。日本国民の間では共和思想が勢いをまし、国民の大多数は天皇制廃止に傾いていましたし、また連合国の多くが天皇制に反対していたにもかかわらず、実は、アメリカの極東政策は、天皇を利用して日本を防共の防波堤にすることにあったからなのです。

憲法草案の作成を任された民生局（GS）のメンバーは、ホイットニー准将を頭に、チャールズ・ケーディス大佐を委員長とした二四名で軍人一六名、民間人八名でした。以前に紹介した通り、ケーディス大佐は進歩的なニューディール派の有能な元弁護士で、その他多くのニューディール派の士官が加わっていました。後にケーディスは起草委員会が日本の新憲法を作成する際に、アメリカ憲法を参考にしたことはほとんどなかったと主張しています。

その中にベアテ・シロタ・ゴードンという女性がいたことはよく知られています。彼女は戦前日本で生活していた経験があり、明治憲法下で続いてきた個人の自由への侵害や男尊女卑の風習を肌身に感じていました。女性は、いわば天皇の赤子を生む機関のように考えられていたのです。日本国憲法第二四条の両性の平等は、現代の憲法の中でも最も強力な男女平等の条項となりましたが、それは彼女の功績によるものなのです。

ベアテ・シロタは、ＧＨＱの行動が「傲慢であった」とする主張に対しては、断固として否定しています。彼女は憲法の草案作りによって日本人に何かたいそうなことを教えようと思ったことは一度もないと回想しています。彼女も他のスタッフも、大多数の日本人が望んでいたにもかかわらず、日本の指導者から得られなかったものを創造する手助けをしているのだと強く信じていました。つまり、抑圧を取り除き、民主主義を制度化するために自分たちは特別な任務に就いているのだという共通の使命感によって動いていたのです。

彼らは立憲君主制の枠内で、常にもっとも寛容で自由主義的な方向に原理を解釈していきました。例えばプール海軍少尉とジョージ・ネルソン陸軍中尉は、マッカーサーの「天皇は国家の元首の地位にある」という文言を、再定義し「天皇は国家及び国民統合の象徴である」と表現したのです。これは大内兵衛らの憲法研究会の表現を参考にしたものでした。さらにケーディスのチームは、主権は完全に国民のもとに存するという考え方を明確にしました。こうして代議制と市民の自由など、世界で最もリベラルな人権保障条項が生まれたのです。

さて最後に、常に争点になっている日本国憲法第九条の戦争放棄条項について考えてみましょう。これは単なる政治操作からできたものではありません。戦争放棄の理想は一九二八年に締結されたパリ不戦条約（ケロッグ＝ブリアン条約）にさかのぼります。憲法九条の文言も同じく、このパリ不戦条約にさかのぼります。憲法九条の文言はこのパリ不戦条約をモデルにしたものなのです。憲法九条に青くなって反対した幣原、芦田、吉田らはキャリア外交官として、パリ不戦条約をよく知っており、日本はこの条約に調印さえしているのですからあきれます。

当初マッカーサーの指令は、一切の武装を許さないものでした。しかし、ケーディスはパリ不戦条約の理想を崇拝していたものの、自国の安全を保障する権利はあるはずだと考えました。そこで、自らの裁量で第九条一項を「国権の発動たる戦争と、武力による威嚇又は武力の行使は、国際紛争を解決する手段としては、永久にこれを放棄する」と変更し、二項は残されました。これが後に「交戦権はないが、自衛権はあるのだ」という保守派の解釈改憲の修正を許す論争の火種となっていくのでした。

そして、一九五〇年の朝鮮戦争の勃発によって、アメリカは方針転換をし、日本に再武装を要求します。日本政府は警察予備隊を創設し、一九五四年の自衛隊設置へと軍備を拡大していったのです。

さて今日、安倍晋三元政権を始めとする自民党政権によって、この憲法九条を改正しようとする策動が勢いを増しています。それは自衛権を根拠にしたものです。しかし、自衛権と交戦権の境は昔からあいまいなもので、一九三一年の満州事変も翌年の上海事変も、みな自衛のもとに始められたのではなかったでしょうか。権利の名目だけで論争するなら、永久に平行線をたどるだけです。問題は自衛権を根拠に軍備を拡張しようとする政治勢力の姿勢や方針にあります。自民党政権が目指す経済的な海外膨張には、最終的に武力が必要となるのです。

一九四六年二月一三日、ホイットニー准将は外務大臣公邸を訪れ、GHQ草案を渡しました。そのとき吉田茂、松本烝治、白州次郎が同席しましたが、彼らは先日提出した松本案についての話し合いだと思っていました。ところが松本案は一蹴されたため、驚愕したのでした。

ホイットニーは次のように述べました。

最高司令官は、これが、多くの人々から反動的とみられている保守的グループが権力にとまる最後の機会であると感じています。（中略）この憲法を受け入れることがあなた方の生き残りのためのただ一つの可能性であること、さらに、日本国民はこの憲法を選ぶか、旧憲法の諸原則を含まない何らかの形の憲法を選ぶべきだと最高司令官が決断されたことは、いくら強調してもしすぎることはありません。（『敗北を抱きしめて』（下）152〜153頁）

これを受けて幣原は、天皇にGHQ案の概略を説明しましたが、天皇は自分の身柄が保全されたこと、自分の言動がより自由になることを期待し承認しました。天皇の承認により良心の呵責を和らげた保守派は、安堵したのでした。しかし松本と佐藤達夫は、英語を日本語にする過程で極めて姑息な方法で変更を加えようとしました。以下に列挙します。

・「助言と同意」を「助言と助力」にすりかえる。
・人民の意志による主権を省略。
・華族制度廃止の条文を削除。
・参議院が衆議院の権威を制限するに変更。
・中央政府が地方自治を支配するように変更。
・言論、著作、出版、集会、結社の自由に安寧秩序を妨げざる限りにおいてと制限を加える。
・労働三権（労働者の団結権・団体交渉権・団体行動権）にも法の定めるところによりと、制限を加える。

しかし、これらの変更はケーディスによって退けられました。それ以後、吉田らの保守グループは国会の議決の中で改正案を擁護する立場に立たされ、思っているのとは反対のことを言わざるを得ないことになるのです。こうして国会に提出された日本国憲法は、すべての条項が審議され、議会で提案された変更のうち八〇%から九〇%がＳＣＡＰによってそのまま採用されました。

国会審議の途中、ケーディスは貴族院を訪れ、ＧＨＱが「国会においてあまり多くの修正案が出されていないことを残念に思っている」と述べました。彼は心底そう思っていました。なぜなら、改正のプロセスこそ民主主義の実践の見本となるべきものであり、日本国民の「自由に表明せる意思」を反映した政府を樹立する、というポツダム宣言の高邁な理想を具体化するものと期待していたのです。

国会は三〇の修正案を提出しました。そのうちＳＣＡＰまたは極東委員会は、普通選挙権や立法府の優位、総理大臣や内閣閣僚の半数以上を国会議員から出すこと、閣僚はすべて文民であることなど、重要な民主的諸条項を強化するよう指示しました。一方、社会党は、華族制度を直ちに廃止するという動議を出し可決されました。また社会党は、第二五条の「すべて国民は、健康で文化的な最低限度の生活を営む権利を有する」や、第二七条の労働の権利と義務や労働条件の法による規定を要求し成功したのです。

成人教育学校や夜間学校に関わっていた教員連合は、教育はエリートのみを利するものであってはならないとして、政治家や文部省、ＧＨＱにロビー活動をし、第二六条の教育を受ける権利と義務の条項を勝ち取りました。学者・知識人のグループは、公文書における文語体を口語体へ変更させました。

一方、反動的な修正としては、在留外国人法に基づいて外国人にも平等な保護を提供するという条項の廃止修正案を政府が提案し、可決されてしまいました。これによって在日外国人は差別されていくことになるのです。この修正は、日本側が訳文作りを通して進めた草案の骨抜き作戦によって生じたもので、それまで日本人とされていた在日朝鮮人、台湾人を「外国人と見なす」とする「外国人管理法」の公布・施行（一九四七年）を招いてしまいました。

さて最大の争点となったのが、憲法九条の戦争の放棄でした。一九四六年四月四日の国会で、多くの議員から「自衛権もないのか」と質問された吉田首相は、自衛権も認められないと答えたのです。

> 一九五〇年一月、彼ははっきりと次のように言った。「日本の場合の自衛権とは、軍事力に訴えない自衛権なのである」。同じ月、参議院での発言でも、吉田は、「もし我々が心の片隅で武力による自衛という考え、または戦争の場合に軍事力によって自衛するという考えを保持するならば、我々は自ら日本の安全保障を妨げることになるだろう」と言ったのである。（『敗北を抱きしめて』（下）185〜186頁）
>
> 吉田はのちに、これがアメリカの改革全体にたいする自分の考え方だったと、後悔の念をにじませながら述べた。吉田は正直に、「自分の心のなかにはいつも一つの考えがあった。それは見直しを必要とすることは日本が独立した後に見直せるはずだという思いであった。しかし一度決まってしまったものを再び変えることは、そうたやすいことではなかった」と述べている。（同188頁）

しごく真っ当な答弁に思えますが、実は、日本が平和を志向しているという姿勢を国際社会にアピールして講和を勝ち取りたいという作戦からなされたのでした（『敗北を抱きしめて』（下）186頁要約）。

国会に提出された第九条は次のものです。

国の主権の発動たる戦争と、武力による威嚇又は武力の行使は、他国との間の紛争の解決の手段としては、永久にこれを放棄する。陸海空軍その他の戦力は、これを保持してはならない。国の交戦権は、これを認めない。

審議の最終段階で芦田均が委員長の憲法改正小委員会の提案により、次の変更が採択されました。

日本国民は、正義と秩序を基調とする国際平和を誠実に希求し、国権の発動たる戦争と、武力による威嚇又は武力の行使は、国際紛争を解決する手段としては、永久にこれを放棄する。**前項の目的を達成するため**、陸海空軍その他の戦力は、これを保持しない。国の交戦権は、これを認めない。

芦田は後に、この「「**前項の目的を達成するため**」を挿入した変更によって自衛のための武装へと道を開くことが、当初からの目的であった」と述べています（『敗北を抱きしめて』（下）182頁より）。

吉田は以後、何年にもわたって「日本の自衛権というのは、軍事力に訴えない自衛権なのである」

などと繰り返しましたが、こうした吉田の発言は、占領の終結を早め世界各国に日本の平和方針をアピールするためのスタンドプレーだったのです。その証拠に、彼は並行して警察予備隊の編成や旧軍人の編入を行っています。

「前項の目的を達成するため」の変更が解釈改憲に道を残したとはいえ、九条は国民には広く平和憲法の象徴として受け入れられていきました。文部省からも『あたらしい憲法のはなし』というパンフレットが発行され、そこでは非武装の理念が次のように説明されています。

しかしみなさんは、けっして心ぼそく思うことはありません。日本は正しいことを、ほかの國よりさきに行ったのです。世の中に、正しいことぐらい強いものはありません。（六 戦争の放棄『あたらしい憲法のはなし』）

このような憲法成立の過程を振り返ってみると、これはGHQから押し付けられた憲法で、国民の意見が反映されていない、などということは決していえません。敗戦当時の人々は二度と戦争を起こしてはならないと決意したのであり、SCAPも各国民の憲法草案を踏まえて改正案を作成したからです。それよりも後に保安隊から自衛隊へと軍事組織を再編していった吉田政権の陰険な策動にこそ怒りをぶつけるべきではないでしょうか。

戦後吉田政権が目標としたのは、アメリカに占領された日本を戦前の体制へ押し戻すことでした。吉田政権は米ソ冷戦の中で居場所を見つけ、東西の力のバランスの中で巧みに利益を導き、経済発展によって政権を維持してきたのです。その後の自民党政権は吉田の方法と目標をそのまま受け継ぎ、岸田政権に至っています。

(6) 護憲と改憲の狭間で

●安倍政権の反動性と保守性

戦後自民党政権の中でも、第一次(二〇〇六年〜〇七年)と第二次(一二年〜二〇年)にわたって続いた安倍政権の政治は、ほとんど戦前のレベルの反動性と保守性を備えていたとさえいえます。

二〇〇六年、安倍政権は教育基本法改正を実行しました。教育基本法は憲法とともに戦後民主主義を代表する法律で、憲法と一対をなすものでした。第三章第一六条の教育行政の規定「教育は、不当な支配に服することなく、国民全体に対し直接に責任を負つて行われるべきものである」は、まさに戦前の国の支配による教育行政を否定し、教育行政に携わる者の姿勢を規定するもので、この法律の魂といえるものでした。

そして、いうまでもなくこの条文は、教育勅語体制に縛られた教育制度によって、文部省を中心とする政府や軍部の言いなりに軍国主義教育が行われた反省から生まれたものでした。この条文が第三章の教育行政を規定する場所におかれているのは、政治による教育の支配が、まさに文部行政によって行われてきた反省からも必要だったからなのです。

第二次安倍政権は、憲法九条を改正しようと策動しました。その理由は、大企業を中心に発展した戦後経済のさらなる膨張のために、軍事的強化が必要となっているからです。

中国は一九四九年の中華人民共和国成立後、文化大革命を経て、資本主義経済による近代化を急速に推し進めてきました。この国家体制は、共産党による独裁支配の国家体制ですが、これはちょうど明治政府が薩長の藩閥支配によって、近代化を推進したのに似ています。共産党政府の国家という体裁ではありますが、実質的には資本主義経済の国です。そしてそれが今や蓄えた膨大な資本を、海外へ輸出して利潤を得るという帝国主義の段階にまで達しているのです。

第二次世界大戦が、アメリカ、イギリス、フランスなどの先進資本主義国家と、遅れて出発したドイツ、日本、イタリアなどの後発資本主義国の間で戦われたのは、資本を輸出すべき植民地の獲得のためでした。

今日の中国とアメリカの間の摩擦は、まさに資本大国となった国家同士の争いです。東南アジア、インド、アフリカ諸国などの資本の輸出先の利権を得る競争や資源を獲得するための争いが根底に存在するのです。そこに再びみたびの世界戦争の危機が生まれており、戦争の危機を取り除くには、資本主義経済そのものを克服する必要があります。

ソ連崩壊の後、社会主義も崩壊したと考えるのが当たり前になっていますが、社会主義とは人間の平等を求める社会のことです。労働力を搾取することによって利潤を生みだすという資本主義経済の原理を基本にしている限り、旧ソ連はもとより、中国も資本主義国であり、現に国内の経済格差は我が国以上のものとなっています。中国とアメリカの対立は、単なる帝国主義国家間の争いに過ぎないことがわかるのです。

安倍政権は、軍事機密の秘匿を定めた特定秘密保護法によって思想統制を企みましたが、これは軍機保護法（戦前における軍事機密法）と同じものであり、それと治安維持法が車の両輪となって思想統制と弾圧をくり返してきたことを忘れてはなりません。

そしてついに、安倍政権は教育内容を支配しようと、教科書検定基準を改定してしまいました。これは近現代の歴史教科書に政府の見解を記載させようとする露骨な政治介入であるだけでなく、子供に対する反動的政治教育ともいえるものなのです。かつての文相・大達茂雄が日教組を攻撃するために作った法律「義務教育諸学校における教育の政治的中立確保に関する臨時措置法」（一九四九年公布）で述べている論理からすれば、まったく正反対の国家による政治教育ではないでしょうか。

この検定基準を拒んだ教科書は、検定が通らなくなるだけでなく、無償給付ができなくなるというリスクを背負わされることになります。具体的には、南京事件の犠牲者数や、従軍慰安婦の強制性の有無などについて、学説・見解が分かれている場合、そのことを明記し、かつ政府統一見解があればそれを記述せよ、というのです。これでは詭弁を子供たちに教えろというのに等しく、子供たちに戦争に行けと教えた戦前の教員とさして変わらないことになるのではありませんか。

ちなみに、こうした風潮を喚起するために活動した「新しい歴史教科書をつくる会」の学者らは、戦争協力した学者らとなんら変わるところがありません。

反動的情勢の中で行われた教育基本法第一六条の改正（いや改悪というべき）は、今後の日本を危険な方向へ誘導する手立ての一つとなるのです。

戦前の教員は子供たちを戦場に送り出した自分の罪に対してどれほど悩んできたことでしょう。私たちは子供たちを戦場に送らないために闘わなければなりません。

●吉田政権後から現在

最後に吉田政権後から現在までを大まかにたどって、これからの問題を考えてみましょう。

吉田政権の後を襲った自民党政権は、経済成長を実現させることによって政権を維持し国民の支持を集めてきました。途中、六〇年安保闘争によって岸内閣が退陣に追い込まれ、民主主義の一定の定着をみた後、経済主導の政権運営が定着していき、高度経済成長を実現していきました。一九六八年から七〇年代はじめにかけて大衆社会が築かれていく過程で、社会の方向に不満を抱く学生が全共闘運動をおこし反抗しましたが、国民の支持は得られず敗北していきました。

日本経済は一九八〇年代を最盛期として安定期を謳歌しますが、これは冷戦構造の中で東アジア唯一の近代産業国家として西側陣営の兵站を担っていたからでした。朝鮮戦争で息を吹き返した日本の独占資本は、ベトナム戦争によってさらに多く資本を蓄積し、それをもとにこの時期に花を咲かせたといえます。

しかし、一九九一年にソ連が崩壊し冷戦構造が消滅すると同時に、バブル経済も崩壊し経済はゼロ成長へと後退します。また、世界経済はこの時からグローバル化して、東アジアにおける日本の位置に変動が起こります。中国へ資本の輸出が始まり生産拠点が作られることで、日本国内の産業は空洞化を強め、リストラによって多くの失業者が生み出されていきました。

この傾向を固定化したのが小泉政権の新自由主義に基づく構造改革でした。日本経済の力を維持するためには、資本を中国などの途上国へ投下し、安い労働力を搾取することによって利潤を拡大すると同時に、国内産業を維持するため、規制緩和によって非正規労働をつくりだし、大企業の経済効率を高めていく必要があったのです。

こうして二〇〇〇年代に入ると終身雇用制が崩壊し、格差社会が出現してくることになります。ロストジェネレーションに代表される若者たちは、こうした状況に対してどのように行動したのでしょうか。一つはネット右翼やヘイト・スピーチによって反韓、嫌中の気分を吐き出すというものです。欧米ではネオ・ナチなどの移民排斥運動として表面化したものが、日本では移民が規制されているため、このような形で現れたものと考えられます。

もう一つは非正規労働者の運動があげられます。これは大労組が自分たちの利益を優先し、生存権さえ脅かされている若者たちの声に十分応えていないことから生まれたものです。また革新政党と呼ばれる政党がこれらの若者を惹きつけられないのは、セクト主義やイデオロギーの押し付けを嫌う傾向が彼らにあるからだと考えられます。

話は前後しますが、一九九〇年代半ばから現れてくる「新しい教科書をつくる会」などの動きは、旧来の右翼とは別のもので、いわゆる「無党派層」の人々のうち、形式的に堕してきた左翼に対する反発を感じている人たちの運動として考えるのが妥当と思われます。しかし彼らも若者たちと同様に、現状を打開する展望を持って行動しているのではなく、不満のはけ口として活動しているといえます。変動する社会の中で不安を感じている人々に応えられない政党政治が、膨大な無党派層を生み出し、ひいてはこのような現象を引き起こしているともいえるのです。

自民党が政権を維持していくには一定の経済成長が前提とされます。日本の経済成長は中国経済と密接に結びついています。中国と連携しないで日本の経済成長は実現できません。世界の経済学者の間では、中国は二〇一五年にアメリカに追いつき、二〇三〇年にはアメリカを追い越して世界一の経済大国になる、という統計的予測がなされています。

現に今、中国はアメリカと熾烈な覇権争いを展開しているではありませんか。このような事実を踏まえて考えるなら、また尖閣諸島の問題をとってみても、ここで緊張を高めて経済を停滞に導くということは、自民党の路線とは矛盾することになります。つまり日本は、アメリカとの軍事同盟という側面と中国との経済協調の側面という二律背反から逃れることはできないのです。

最後に、この章のテーマとして挙げた「ファシズムと社会」に沿って考えると、保守政治の失政の後に襲ってくる国家的な荒廃の時に、ファシズムは勃興します。トランプとプーチンはファシストといえます。保守的な労働者の生活不安に後押しされたアメリカのトランプの登場と、プーチンのウクライナ侵攻の手口は、プロパガンダとデマゴギー、そして暴力を駆使したヒトラーの手法を真似たものだといえるからです。今後、世界はどう動くかわかりませんが、最悪のシナリオとしては、ロシアと中国を中心とする帝国主義グループと、アメリカを中心とする西側帝国主義諸国の対立となり、第二次世界大戦を引き起こした経済のブロック化に似た状況を引き起こす可能性をはらんでいます。今世界は、新たなファシズムの危機に直面しているとともに、再び帝国主義どうしの衝突の時代を迎えているといえるでしょう。

第四章　探訪！　教育理念の歴史

「ブラック校則」

教育というと、イコール受験教育というイメージになっているのが日本の教育の現状であろうと思います。しかし、近代教育制度が創造されるまでには教育思想の長い闘いの積み重ねや、多くの人々の努力があったことを忘れてはなりません。

教育現場が今のように魅力のないものになっている現在だからこそ、教育理念の大切さが痛感されます。もちろん理念と現実との差は大きく、その間を埋めるのは簡単なことではありません。そして社会全体が受験教育で覆われている中で、教育理念を実践することは不可能であるかもしれません。しかし、理念を持っていることは、日頃の教育の中で生徒に対する姿勢を決める重要な要素となり、現状に対する批判の力を養ってくれます。そこでここからは近代教育が生まれた当初からの教育理念の発展の歴史を掘り起こしてみようと思います。

近代教育論の始祖ルソーの主著を読み解く

学校を英語で school、イタリア語で scuola、フランス語で école、スペイン語で escuela というようで、これらの言葉はラテン語の schola、ギリシャ語の skole から派生したものです。もともと「休息」とか「暇」という意味であったそうですが、それが「自分の精神力を自由に使用すること」から「勉強の場所」へと転義していったそうです。

中世になると教会や修道院が付属学校を持つようになり、そこが schola と呼ばれるようになりました。そこでは主に神学や哲学が研究され、キリスト教会の教義を教える役割を果たすことになったのです。そしてその哲学をschola（スコラ）哲学と呼ぶようになりました。

日本でも、仏教教義の伝習を目的に各地の大寺で同じような教育の場所が作られており、鎌倉時代には金沢文庫が仏教教義の研究の場所として設立されました。また、鎌倉時代から室町時代にかけて、現在の栃木県足利市に足利学校が創設され、特に一五世紀に足利領主の上杉憲実が儒書、領田を寄付して再興して以来、一七〇年間、隆盛を誇ったということです。ここでは武士、僧侶の教育に当たり、校主は多くは僧侶で、儒書と後には医書をも講述しました。

江戸時代になると幕府は、東京大学の母体となった昌平坂学問所を開き、官学の府として儒学を講じさせました。また、各地の大名は独自に藩校を作り、武士の子弟の教育に当たらせました。一方、江戸の庶民は寺子屋で読み・書き・算盤を学んだというのは、よく知られていることです。

では近代の学校をそれまでの学校と区別する指標は一体何でしょう。それは教育の宗教からの分離、独立であるといえます。そしてこのことは、洋の東西を問わず共通項として考えられます。

世界で最初に教育を宗教から独立させることを考えたのは誰でしょう。ジャン・ジャック・ルソーです。現役時代の私たちの教員グループが、一九八六年から二〇一四年までの二八年間、発行してきた職場新聞のタイトルともなっている「エミール」こそ、ルソーの代表的な教育論の著作名です。一七六二年に発行されたこの著作で描かれた彼の教育思想は、後にペスタロッチやフレーベルなどに影響を与え、彼らの教育論を形づくらせることになりました。

ルソーの教育論の特徴の一つは、「教育と労働の結合」という点です。マルクスは労働について、『資本論』で「人間は生きていくために労働によって自然から物を引き出さねばならない」と言っています。また、江戸時代中期の医師・思想家で、無神論的な思想性を持っていた安藤昌益は、「働かざるもの食うべからず」という平等思想を説きました。どちらもルソーの思想との類似性を感じさせます。

それはともかく、資本主義時代のような変動の激しい社会の中で、子供たちが生き抜いていくには、手に技術を持たせることが必要だとルソーは考えました。そこで実習や自然観察を重視し、教科書は使わず、子供の興味を育てるということに重点を置いたのです。この教育思想は、後のコンドルセ、ロバート・オーウェン、ジョン・デューイ、クループスカヤへと受け継がれていきます（彼らの思想はこの章の後半で取り上げます）。

一方で、近代社会をもたらした資本主義経済は、一八世紀後半には産業革命の段階に達します。教育もそれに奉仕するために、イギリス人のアンドリュー・ベルとジョセフ・ランカスターが提唱したベル＝ランカスター法が登場します。これは機械の操作を習得した年長の子供を指導者にして、幼い者たちを並べてその操作法を教えるという方式のものでした。この時代、工場では三歳の幼児を長時間働かせるなどという許しがたい状況がありました。この、産業に徹底的に奉仕する教育の流れが、資本主義産業構造が必要とする労働者の序列を決定する受験教育として現代まで続いているのです。

ルソーの教育思想はフランス革命における革命政府に直接、受け継がれました。そしてこの時世界で初めて〝公教育〟が誕生しました。その第一の功労者はコンドルセであろうと思われます。彼は当時の著名な数学者でしたが、ルソーの思想を深く身に着けており「公教育の全般的組織に関する報告および法案」（一七九二年四月二〇、二一日）という立法議会での報告書案の中で宗教教育の禁止と、同時に個人の宗教選択の自由をも提案しています。このことは、今では全世界で当たり前のこととして実施されています。しかしこの原則が生まれてくる背景には、当時のフランス社会が抱えていた階級間の不平等や、旧体制側の教会勢力に対するクサビが必要という事情があったのです。また、人間の平等を強く求めた当時のフランス人は国内にある様々な民族を革命側に引き付けるため、宗教による対立を防ぎ、民族間の平等を求めて宗教選択の自由の原則をも作り出したのです。

宗教に関するこれらの原則はその後、欧米の憲法の原理となり、戦後の日本国憲法にも取り入れられていきました。宗教や教育に関する近代的原理・原則は広くこの時代に要請された社会状況によって生み出されたのです。それはまた、革命政府やそれを支持する人民がルソーを初めとする啓蒙思想によって導かれていったことを意味しています。そして三権分立などの政治制度も、フランス革命時に創設された国民議会や国民公会の失敗の過程で考え出されていったのでした。

『人間不平等起源論』と『社会契約論』が執筆されたのはちょうど『エミール』と同時期であったため、三書は互いに密接に関係しています。『エミール』が単なる教育のための書とはならず、広範な人間哲学の書であり、社会哲学の書ともなった理由もそこにあります。

ここで私は――教育論でありませんが――フランス革命時の社会制度を形作る根幹を準備したルソーの『人間不平等起源論』と『社会契約論』を取り上げつつ、現代日本社会を考えていきたいと思います。

(1)『人間不平等起源論』

ジャン・ジャック・ルソーの思想全体については、彼の全著作について考えてみなければならないことは当然ですが、中でも『人間不平等起源論』と『社会契約論』、それに『エミール』の三部作は(さらに付け加えるならば『政治経済論』も重要ですが、ここでは省略します）、以下に述べるように非常に深い関連性を持っています。

大まかに言うなら『人間不平等起源論』で述べられている「人間の自然状態」の理論展開が『エミール』のもととなり、「人間の社会状態」についての理念的発展が『社会契約論』となって結実したと考えてよいと思います。

したがって、最初に『人間不平等起源論』について簡単に論じた後、『社会契約論』に移ります。

『人間不平等起源論』は政治・社会の成り立ち、構造を論ずるとともに、人間精神＝理性の形成過程を研究した論文です。その第一部では人間の自然状態について論じられ、第二部では人間の社会状態が論じられています。

ルソーは第一部で、人間の自然状態を次のように述べています。

結論を述べよう、――森の中をさまよい、器用さもなく、言語もなく、住居もなく、戦争も同盟もなく、少しも同胞を必要ともしないばかりでなく、彼らを害しようとも少しも望まず、おそらくは彼らの誰をも個人的に見覚えることさえ決してなく、未開人はごくわずかな情念にしか支配されず、自分ひとりで用がたせたので、この状態に固有の感情と知識しかもっていなかった。彼は自分の真の欲望だけを感じ、見て利益があると思うものしか眺めなかった。そして彼の知性はその虚栄心と同じように進歩しなかった。偶然何かの発見をしたとしても、彼は自分の子供さえ覚えていなかったくらいだから、その発見を人に伝えることは、なおさらできなかった。技術は発明者とともに滅びるのが常であった。教育も進歩しなかった。世代はいたずらに重なっていった。そして各々の世代は常に同じ点から出発するので、幾世代もが初期の全く粗野な状態のうちに経過した。種はすでに老いているのに、人間はいつまでも子供のままであった。（ルソー『人間不平等起源論』岩波文庫、80頁）

こうした人間の自然状態は、まるで人間がトラやヒョウのようにジャングルの中を動き回って生活していたかのような印象を私たちに与えます。しかし、この状態のときに、人間は真に自由なのだとルソーは言うのです。このような自然状態へ帰ることを、ルソーは『エミール』の中で「自然へ帰れ」というように表現しました。この点を現代の人類学では、人間の自然状態は群れであり、社会的な集団であったと考えるのですが、ルソーはこのように自然の中で人間は孤立したものだと考えたのです。

第二部では、人間が自然状態から社会状態へと移行する必然的要因として、私有財産制をあげています。この点がルソーの偉大な業績であると同時に、天才的な発想でしょう。私有財産制の発生により、人間は自由を捨て、やむなく社会状態へ移ったと考えるのです。こうした考え方がマルクス・エンゲルスに発展的に受け継がれていくのでした。

ルソーは社会状態の第一段階を、遊牧生活とします。そして第二段階として果実採取、狩猟生活と考え、第三段階を農業と鉄の時代に分類します。最後に第四段階として専制政治の時代を持ってきます。この段階は不平等が発展した最後の状態であり、富める者の横領と貧しい者の略奪の恐ろしい戦争状態であると規定されています。そして、この状態に終止符を打つ必要を誰よりも切実に考えたのが、少数の支配者で、無知な民衆に政治体の効用を説き、契約を勧めたのです。こうして富める支配者の不当な利益を固定化し、自然の自由を破壊する私有と不平等な法律が作られたのだというのです。

ルソーが生きた時代はまさにブルボン王朝の専制の時代であり、貧者の悲惨が国中に溢れ、王侯・貴族の頽廃がパリを覆い尽くしていました。もはや自然状態には戻ることのできない人類は、この第四段階の専制の時代をどう克服したらよいのか、とルソーは考えました。その答えは、『社会契約論』の中に描かれたように、民主主義の理念を徹底的に実践した社会の実現によるほかないとしたのです。

(2)『社会契約論』

『社会契約論』は、ルソーが一七四三年頃、ヴェネツィア共和国駐在の無能なフランス大使モンテギュの秘書をつとめた頃その民主制度の実態に触れ、優れた点と欠陥とを著した膨大な著作『政治制度論』を元に書かれました。またルソーの生まれ故郷であるジュネーブ共和国の影響も受けています。

ルソーの思想の基盤は、少年時代より愛読してきた聖書とプラトン、アリストテレスですが、当時の思想家としてオランダのグロティウス、イギリスのロック、ホッブス、フランスのコンディヤック、ビュフォンなどの影響も受けてきました。また当時新大陸の土着民の政治・社会制度についてのリポートなども参考にしていることも重要です。

『社会契約論』で重要なのは、第一篇の社会契約についての理論と第二篇の一般意志の理論です。第三篇では政府の形態についての研究が、第四篇では民主主義の諸制度と法が記述されています。

●第一篇　社会契約について

「人間は自由なものとして生まれた、しかもいたるところで鎖につながれている。自分が他人の主人であると思っているような者も、実はその人々の奴隷なのだ。どうしてこの変化が生じたのか？　私は知らない。何がそれを正当なものとしうるか？　私はこの問題を解きうると信じる」（『社会契約論』15頁）という有名な文章で第一篇第一章が始まります。ここで述べられているのは、人間が社会状態に入ったこと、つまり自然状態における自由を永遠に失い、互いに互いを縛りつける社会状態に入ったということなのです。そして、その拘束関係は被支配者だけでなく、支配者も被支配者の権利によって縛られているのだといっています。

さらに「どうしてこの変化が生じたのか私は知らない」といいますが、その理由を説明するのが、実はこの第一章における社会契約の理論なのです。

社会状態の中における権利は社会を構成する一人ひとりが皆持っているものであって、それは自然に由来するものではなく、人々の間における約束に基づくものなのです。それこそが社会契約なのだといいます。権利は力によって生み出されるものではなく、そうである以上人間の間におけるすべての権威の基礎としてある約束が、すなわち社会契約なのです。

多数決の法則は、それ自身約束によって打ち立てられたものであり、この法則が採用される前には少なくとも一度だけは全員一致があったこと、すなわち、多数決の法則を承認したことを前提としているのだと述べられています。したがって、この契約は、現実に全員が集まって契約書を交わすようなものではなく、あくまでも理念として存在する契約なのです。

「社会における各構成員は、身体と財産を、共同のすべてを挙げて守り保護するような、結合の一形式を見出すこと。そうしてそれによって各人がすべての人々と結びつきながら、しかも自分自身にしか服従せず、以前と同じように自由であること」（同29頁）というように、ルソーは社会契約に基づく民主主義の理念を謳いあげています。また、「要するに、各人は自己のすべてを与えて、しかも誰にも自己を与えない。そして、自分が譲り渡すのと同じ権利を受け取らないような、いかなる構成員も存在しないのだから、人は失うすべてのものと同じ価値のものを手にいれ、また所有しているものを保存するためのより多くの力を手にしている」といって、人類の私的所有の発生とその保存の必要性から社会契約に基づく民主主義が発生したことを気付かせてくれています。この点が、ルソーの偉大な業績であり、特に記憶にとどめておく必要があるところではないでしょうか。

実際ギリシャ・ローマの都市国家が築かれていった過程で、このような民主主義が自然発生的に生まれていったことを想像させてくれます。ルソーはギリシャ・ローマの歴史に精通していたことはもとより、「新大陸の未開人に関する記録」に少なからぬ関心をよせていたそうです。それはアメリカ先住民の発展段階がギリシャ・ローマの生成期と一致すると考えたからでしょう。そうした事実をもとにして、プラトン流の理念の抽象化がなされ、社会契約の理論が生まれてきたのだと思います。

「だから、もし社会契約から、その本質でないものを取り除くと、それは次の言葉に帰着することがわかるだろう。『われわれは、身体とすべての力を共同のものとして一般意思の最高の指導下に置く。そしてわれわれは各構成員を、全体の不可分の一部として、ひとまとめにして受け取るのだ。』」（同31頁）と述べ、社会契約から直接に一般意思としての主権者がその必要上生み出されるといっています。

ここでいう「一般意思」とは、社会全体の完全に一致した民意を指します。

さて、ルソーは理想的な民主主義の典型として、古代の都市国家やアメリカ原住民の社会を範としたのですが、はたしてこれらの社会は平等な社会であったのでしょうか。少なくとも古代都市国家の時代には、既に奴隷が存在し、彼らが社会的に必要な生産を担っていたのだということを、忘れてはなりません。したがって、平等は奴隷を支配する自由民の間だけで通用する概念であったのです。

とはいえフランス革命が、『社会契約論』の理念を導きの糸として用いたこと、そして現在の私たちの社会もそれによって運営されていることを考えると、その価値ははかり知れません。一般意志は憲法として、全体意志はその時々の社会の多数意見＝世論として、また、特殊意志は政党の方針や綱領として、主権者、人民あるいは国民に受け継がれています。

●第二篇　主権者について

さて、主権者の概念はというと、社会契約によって結合された構成員全体のことで、その統一、その共同の自我、その生命およびその意志を受け取るものと規定しています。簡単に言えば、国民です。

主権者はそれを構成する個々人からなるものであるから、彼らに反する利益を持ってもいないし、また持つこともできないというのです。つまり、社会契約によって結合された構成員全体の意志が主権者（一般意志）なのです。ここから主権在民という概念が生まれました。だから主権者の権利は国民に対してはどんな保障も必要としないと言い切るのです。

こうした主権者についてのルソーの規定は、あくまでも理念化された民主主義においてのものであると、ここでは考える必要があります。そして、その主権者が立法をするのです。主権者は個人に対してどんな保障も必要としませんが、個人は主権者に対して服従の義務を負うとします。それは社会契約を空虚な法規としないために、この契約は、何人にせよ一般意志への服従を拒むものは、団体全体によってそれに服従するよう強制されるという約束を、暗黙のうちに含んでいるからだといいます。また、社会状態における自由というのは、自然状態における自由とは違って、契約によって制約されているから、主権者に対する服従は当然なのだといっています。

このことを土地所有について言うならば、共同体の構成員の各々は、共同体が形成された瞬間に、自己を共同体に与える――つまり、彼自身と、彼が持っている財産がその一部をなす彼のすべての力とを、その時現にあるがままの状態で与える――この行為によって、個人は主権者から法律上の権限なくしては成り立ち得ない所有権を保障されるのだというのです。

そして土地の所有についていうならば、国土についても社会契約に基づいて決められるものです。たとえばスペインの王が、南アメリカは全部自分の国土だといって先占権を主張しても、スペインの国土とはならないのです。そこにはスペインの王と社会契約を結んだ南アメリカに住むスペイン国民がいて、労働と耕作をすることによって国民が占有することがなければならないのだといいます。

ここには、私的所有の発生についての深い考察があり、その秘密が明らかにされています。

さて、ルソーの主権者についての考え方が以上のようなものであるとすると、そこには大きな欠陥があることになります。それは先程、主権者概念を理念として展開しているといった点にあります。

このモデルは都市国家を形成した頃のギリシャ・ローマ社会から範をとって、このような平等な個人を想定しているのかもしれませんが、しかし、前に記したとおり、すでにこのような社会の内部においてさえ自由民と奴隷との階級分化があり、市民は奴隷の労働に寄生して生活していたのです。またその後の歴史の展開により、階級への分裂は常態化していきました。

エンゲルスは『家族・私有財産・国家の起源』の中で次のように述べています。

国家は、この社会が自分自身との解決不可能な矛盾に絡みこまれ、自分ではらいのける力の無い、和解できない対立物に分裂したことの告白である。ところでこれらの対立物が、すなわち相争う経済的利害を持つ諸階級が、無益な闘争によって自分自身と社会を消耗させることの無いようにするため、外見上社会の上に立ってこの衝突を緩和し、それを「秩序」の枠内に引き止めておく権力が必要になった。そして社会から生まれながら社会の上に立ち、社会に対してみずからますます疎外していく権力が、国家である。（エンゲルス『家族・私有財産・国家の起源』岩波文庫）

ルソーの社会契約論を導きの糸として、フランス革命が起こった時、たちまちこの欠陥が現実のものとなって現れました。王侯・貴族と僧侶に対して革命を起こした市民は、すでに資本家と労働者、それにその中間階級の小生産者階級に分かれていたのです。そしてそれぞれの共同の利害を代表する政党の間で、政権が転々と変遷していったのでした。ジロンド派とモンターニュ派の対立からダントン、マラー、ロベス・ピエール等のプチ・ブルジョワ階級への政権移譲、さらには労働者階級出身のバブーフの反乱へと革命が深化していき、「この混乱を収拾し、イギリスを中心とする欧州諸国が結合した対仏大同盟から革命を防衛する」という名目で登場したナポレオンによって、帝政へと逆戻りしていきました。

ルソーの時代には、未だ労働者階級の生成は微弱なものであったため、こうした階級間の対立を認識できなかったという時代的限界を持っていたのは、しかたないことでした。ですが一方、その徹底した民主主義と国家に力を集中する理論のおかげで、フランス革命があれほどにも激しく社会を根底から覆す原動力になったことは、否めない事実であったでしょう。

翻って現在の日本社会の階級構成はどうなっているでしょうか。

資本家階級と労働者階級、小生産者階級への分裂は、未だに存在します。ただ、フランス革命の時代より複雑になっているのです。株式制度の発達によって所有資本家と機能資本家への分離が一般的になり、利害対立を見えにくくしているだけです。資本の利益のために、労働者階級の利益が犠牲にされているという構図は変わっていません。若者や中高年労働者の失業問題、派遣労働者など非正規労働者の呻吟にそれは現れています。

そうすると、私たち労働者はルソーのいうように無条件で主権者に全てを、まして命までも投げ出すことはできないのではないでしょうか。

●第三篇　一般意志について

『社会契約論』の根幹を成す考え方の一つが、社会全体の完全に一致した民意を意味する一般意志の概念です。関連してルソーは、多数決について次のように書いています。

多数決の法則はそれ自身約束によって打ち立てられたものであり、この法則が採用される前には少なくとも一度だけは全員一致があったことを前提としている。（『社会契約論』28頁）

民主主義の方法（多数決の原理）を採用する際に全員の意志一致が存在したというのです。この全員が一致した意志が絶えず共同体内に存在しており、それを一般意志といいます。その一般意思は対立する意見を闘わせる中から共通部分として見つけ出されるものとされます。見つけ出された一般意思に運動と意志を与えるのが、法、すなわち憲法です。そして主権者（一般意思）はその憲法によって政治を行っていかなければならないのです。この点がルソーの考える民主主義の一番大事な点です。

さらに、多数決によって得られたその時々の意志を全体意志といいますが、一般意志はそれとも違うものなのです。全体意志はあくまで私の利益を心がける特殊意志の総和（世論）であるに過ぎず、したがって多数決の結果が一般意志に反する場合が生じることもあります。こうした特殊意志が対立し、ぶつかっていく過程で、相殺しあう過不足をのぞくと、相違の総和として残ったものが一般意志なのだと述べられているのです。ちなみに、特殊意志とは、政党の規約や公約、綱領などを指します。

そうだとすると、方針なり、政策なりの一般意思を具体的レベルまで発見するのは、かなり時間もかかり困難な作業とならざるを得ないでしょう。民主主義は時間がかかるものだということです。実際に、私たちは、国会が空転して、予算案が決まらないとか、基地の移転先をどこにするのかまとまらないとか、特殊意志のぶつかり合いで方向が定まらない事態を日常茶飯事のように目にしています。世論も特殊意志の総和である全体意思であると考えてよいと思います。それは常に揺れ動くのです。

次に、一般意志と主権との関係について述べます。

一般意志は、一つの共同体全体の意志なので、それに基づいて形作られた主権は譲り渡すことができないのだとルソーは言います。もし、人民が一般意志以外のものに服従するならば、その行為によって、主権者としての人民は解消し、人民としての資格を失うのだと述べています。

また主権は、一般意志に基づく限り分割することもできないものです。もし、人が主権は立法権、執行権、課税権、司法権、交戦権、行政権、外交権、条約締結権などに分割されているとするならば、それは主権が分割されているのではなく、その対象において分割されているに過ぎないのだとして、一般意志と主権との関係を一義的に規定しているのです。したがってこれらの権利はすべて主権に従属したものであり、常に一般意志を予想し、その意志を執行するに過ぎないというのです。また、一般意志は誤ることはなく、常に正しいとされます。そして徒党を組んではならないというのです。なぜなら、徒党を組むことによって、特殊意志が前面に出てきて、一般意志が無視されるからです。この点などは、今のように政党が多数存在する社会からするとなかなか理解しづらいものがあります。

また、一般意志は常に正しく、誤ることはないというのですが、主権には限界があります。なぜなら、一般意志が何らかの個人的な特定の対象に向かうときには、自分に関係ないものについて判断することになるので、公平についての真の原理を持っていないから正しさを失ってしまうというのです。したがって、その場合にはもはや、それは特殊意志になっています。

最後に、ルソーはどこにあるかを見出すのに非常に困難な一般意志を発見する方法として、単なる投票の数によるのではなく、投票を一致させる共通の利害を発見することが大事だと述べています。

すなわち、対立する意見を闘わせることによって、その共通部分を見つけるのだというのです。

●第四篇　法について

法とは、一般意志だけに基づいて形成された主権に運動と意志を与え、人民と主権との関係、あるいは一般意志と主権、一般意志と人民との関係を規定するもので、共同体全体のあり方を普遍的に決定するものであると規定されています。

法と人民との関係は厳しいもので、人民は法が一度生命を国家にささげよと定めたなら、これに従わねばならず、違反する場合には罰せられるべきだと述べています。こうした法解釈の一面が、フランス革命が封建諸国による対仏大同盟に囲まれて危機に直面した際、フランスの人民を兵役に招集する時の原理・原則として役立ったことは想像に難くありません。

この後、『社会契約論』は、法の分類、政府の形態を一般意志との関係において分析していき、結論として国家をその外的諸関係によって支える必要があると述べ、国際法、商業、戦争と征服の法、公権、同盟、協議、条約等々の問題を研究していかなければならないとしています。

『社会契約論』の理論を理解することは、ルソーが腐敗したフランス社会をどのように改革していこうと考えていたのかを知るためや、『エミール』を理解するためにも欠かせません。

また、ルソーは社会の改革と教育の改革を不可分のものと考えていました。これは、現在の私たちの社会制度を理解するうえで欠かすことのできない内容なのです。

ここまで、ルソーの民主主義の概念を取り扱ってきましたが、彼は、民主主義を多数決の原理という形式的なものではなく、社会全体の完全に一致した民意に沿って社会を形成し運営するものでなければならないと考えました。この思想は、フランス革命やイギリスの労働運動・社会主義運動などを経て次第に深められ、基本的人権思想となって現在の民主主義国の憲法の基本的な内容となりました。

したがって基本的人権（Human Rights）とは、人種・民族・性別を超えた普遍的価値として存在するはずです。しかし現在の日本では、基本的人権は日本国籍を持つ者だけに限定されているといえるのではないでしょうか。その証拠として、入国管理施設での人権を無視した取り扱いが挙げられます。

一九七八年、日本でベトナム戦争に反対する市民運動のべ兵連（ベトナムに平和を！市民連合）の活動に参加していたアメリカ人の教師、ロナルド・アラン・マクリーンが、在留資格の延長を求めて裁判を起こしました。それに対して最高裁大法廷は、「外国人に対する憲法の基本的人権の保障は、外国人の在留制度の枠内で与えられるに過ぎない」として上告を棄却しました。その理由は、国籍のない外国人は、政治活動をしてはならないからというものです。つまり出入国管理法が、憲法よりも尊重されるべきだと言っているわけです。日本には、基本的人権が存在しないのと同義です。マクリーン事件以降、この判例が裁判所や入国管理行政に染み付いた考え方になっていきました。

このような外国人を敵視する見方は、戦前から連綿として続いています。戦前には、日本の植民地だった朝鮮の独立運動に対する弾圧政策として、朝鮮人を厳しく監視し摘発しました。戦後になっても、入管行政の最大のターゲットは韓国・朝鮮人でした。在日の人々には国籍が与えられず、罪を犯してもいないのに指紋を取り犯罪者のように扱われてきたのです。

基本的人権の意味すら認識しない日本の戦後行政は、吉田政権の民主化の逆コースの一〇年間に形成されました。詳しくは吉田政権の民主化の逆コースの項を参照してください。

（3）『エミール』

いよいよ『エミール』を取り上げる段階にきました。

ルソーは、序文の中で『エミール』について「順序もなく、ほとんど脈絡もなく、反省したこと、観察したことをまとめた」、あるいは「体系的な部分というものがない」ものだと述べています。こうした文章の特徴は、パスカルの『パンセ』、モンテーニュの『エセー』の伝統を受け継いだものであり、思想の内容もこれらモラリストの「モラル」に基礎を置いた考え方から出発したことを思わせます。そして、「人間にふさわしい教育が語られており、人間の心にぴったりしたもの」であるから、教育書として絶対に良いものであると述べています。また、この書における提案は、特殊な事柄の適用ではなく、普遍的に適用できるものだから、実行が容易なのだといいます。

これは『人間不平等起源論』で示された、人間の自然状態の抽象化された人間像に範を求め、自然と社会の対立している状態の中で、自然の優位と、真に自由な人間、自然状態を取り戻した人間像を追求したものだといえるでしょう。またとりもなおさず、ルソーが生きたブルボン王朝の専制支配による堕落した社会から解放された、真の民主主義を取り戻した社会における理想の人間ともいえます。

●『エミール』執筆の背景

ルソーは、二七、二八歳の青年だった頃、リヨンで家庭教師をしており、そこで子供と接することによって得られた観察、経験を出発点として、教育に関する構想を二〇年間かけて育てていました。

また、当時ルソーが出入りしていたサロンでは、教育について活発な議論が起こっており、感官（人間の視覚、聴覚、味覚などの五感）の訓練を重要視するべきだということを、エルベシウスやコンディヤックが主張していました。ルソーもこれらの考え方の影響を受け『エミール』第一篇を書いたのです。

とはいえ、『エミール』が当時のフランス社会に与えた衝撃的影響は、何と言っても第四篇にあります。ルソーは、自然と人間の内部に神を認めるという汎神論的立場で、人間の内の神とは「モラル」、すなわち「良心の掟」、これこそ人間の内部に存在する神性なのだという哲学的立場をとります。

こうした思想の帰結として、ルソーは教会の権威を否定します。彼は啓示、奇跡、聖書の権威、教会の権威を否定した『エミール』を、ルソーの名を記して公然と出版しました。パリの高等法院は『エミール』を禁書とし、ルソーの逮捕命令を出しました。ルソーはスイスに逃れたのですが、ジュネーブ共和国からも逮捕命令が出され、『エミール』は広場で焚書にされるという事態になったのでした。

この本を読んでみて、主人公のエミールの人間像について考えを述べると、彼は少々純粋培養的人間で、他の子供たちとの関係や、大人や社会とのつながりが弱いと感じられます。これは、実はルソーが生きた時代とその思想の限界に由来しているのではないかと考えられます。当時の教育が主に行われていたのは、教会の学校を除くと、家庭でした。教会では、王侯・貴族と結びついた僧侶が、権威をもって国家思想を教育していました。だからルソーは家庭教育に範を取るしかなかったのです。

また、エミールの個人主義的類型は、そもそもルソーの思想の根源に由来しているのではないかと思われます。それは、人間の発展段階を「自然状態」と「社会状態」とに区分し、「自然状態」を人間が自由に暮らしていた理想状態と考え、「社会状態」を人間が自己を保存し、生きていくために必要とした必要悪の状態と考えるからです。

しかし、人間には「大地に散らばって、社会をもたず、一人ひとりが何ものにも縛られず自由に暮らしていた時代」があったのでしょうか。そもそも人類は始めから群れを成して生活を始めたのであり、そこから言語を身につけ、文化を築き、それを継承していったと考えられています。そこには絶えず社会があったのであり、それゆえ人間は「社会的動物」だといわれる由縁があります。

●ルソーの与えた影響

ここで非常に大切な問題が問われてくることになります。それは、個人の自立の問題です。ルソーが『エミール』の中であげている教育目標は、自律的個人の育成です。一人ひとり、自分で物事を判断して社会に参加していくことのできる国民が出来上がるなら、それこそが民主的で平等な良い社会の入り口になると考えたのでした。この一点に彼の思想の特徴があるのであり、世界的影響力を持つこととなった要因があると、私は考えるしだいです。なぜなら、今日行われている世界中の公教育の目標に自律的個人の育成が掲げられているからです。

さて、ルソーの思想的限界を超えて前進するのが、フランス革命です。革命政府によって提出された各種の公教育案は、世界で最初に実現した公教育案でしたが、それらの公教育論の原型は、すでにこの『エミール』の中で論じられているのだということも忘れてはなりません。自律的個人の育成は、コンドルセ案にとりあげられ、アメリカへ渡り、戦後アメリカ教育使節団によってわが国にもたらされました。教育基本法に「自主的精神の涵養」として謳われているのがそれです。

『エミール』に描かれた、ソラマメの種を撒き育てる労働教育は、その後フランス革命時に平等思想を説いたルペルチィエ案にとりあげられ、次いでロバート・オーウェン、クループスカヤ、デューイ等へと引き継がれていきます。ここでいう労働教育とは、ベル＝ランカスター法のような資本主義産業社会に奉仕する教育ではなく、近代社会のような変転の激しい社会の中で、人間が手に技術を身につけ自立して生きていくことが大切だという思想から生まれたものです。そうした思想は、前述した安藤昌益やマルクスの労働と人間の哲学にもつながっているのです。

民主的で平等な社会を築き上げるのに、個人の完成が先か、社会の変革が先かというふうに問題を設定するのは正しいことではありません。そのどちらもが同時に必要なのだと思います。

次からは、『エミール』で子供の年齢ごとに語られる教育論について見ていきます。

●幼年時代の教育（三歳～四歳）

ルソーは、「私たちは弱い者として生まれる。私たちには力が必要だ。私たちには助けが必要だ。私たちは分別を持たずに生まれる。私たちには判断力が必要だ。生まれたときに私たちが持っていなかったもので、大人になって必要となるものは教育によって与えられる」（『エミール（上）』24頁）と述べて、生まれてから三～四歳の子供の教育を幼児期の教育として取り上げています。

さらに、「この教育は、自然か人間か事物によって与えられる。私たちの能力と器官の内部的発展は自然の教育である。この発展をいかに利用すべきかを教えるのは人間の教育である。私たちを刺激する事物について私たち自身の経験が獲得するのは事物の教育である」（同24頁）として、教育の段階を三つに区分しています。それが①自然による教育（幼児時の教育）、②人間の教育（少年時の教育）、③事物の教育（獲得した経験による自己の教育）です。このうち、①は「自然の教育は私たちの力ではどうすることもできない」といい、乳児から幼児にいたる時期は身体の発育が最も重要な時期なので、自然に任せるべきだとしています。つまり、自然に逆らって無理に手を加えてはならない段階なのだというのです。この姿勢をルソーは自ら消極教育と呼びます。

では自然による教育とはどういうもので、どのように行えばよいのでしょうか。

それは子供の快・不快の感覚に沿って行う教育だといいます。赤子は五感の欲求によって行為するのだから、それに逆らってはいけないとして、当時一般的であった産衣で赤子をグルグル巻きにして寝かせる慣習を例にあげて批判しています。

その後で、突然話題が自然人の教育から、社会人の教育、つまり公共教育の問題へと移るのですが、ここは非常に大事な点であるので次に書き出してみます。

> 自然人は自分がすべてである。彼は単位となる数であり、絶対的な整数であって、自分に対して、自分と同等のものに対して関係を持つだけである。社会人は分母によって価値が決まる分子に過ぎない。その価値は社会という全体との関連において決まる。立派な社会制度とは、人間をこの上なく不自然なものにし、その絶対的存在を奪い去って、相対的な存在を与え、「自我」を共通の統一体の中に移すような制度である。（同27頁）

ここでは、社会状態に置かれた人間の非人間性を指摘しています。そして社会人の例として古代都市国家スパルタのある婦人の話を引いています。

> 五人の男の子を戦場に送った。そして戦闘の知らせを待っていた。知らせの奴隷が到着した。彼女はふるえながら戦闘の様子をたずねた。「五人のお子様は戦死なさいました。」「いやしい奴隷よ、私はそんなことをお前にきいたのか」「わが軍が勝利を得ました」母親は神殿にかけつけて神々に感謝をささげた。これが市民の妻だ。(同28頁)

この話を読んで思うのは、社会の圧力に押し潰されている点で、このスパルタの婦人と、第二次世界大戦時の日本の「軍国の母」とがピッタリ同じだということです。ルソーは、立派な社会制度とは、人間をこの上なく不自然なものにするといいます。ですから、一定の社会状態におかれた母親は、わが子の死さえ悲しむことができない不自然なものになってしまい、それが社会だというのです。そしてそのような社会の掟・契約に沿った教育をするのが、公共教育だといっています。また、ルソーはそのすぐ後で、公共教育はもう存在せず、存在することもできないといっています。なぜなら、平等の存在であったところの市民はいないからです。ルソーがこのように述べるのは、彼の生きたブルボン王朝の時代に、平等な市民などもはや存在しなかったからでしょう。

こうしてルソーは、家庭教育による個人の教育へと向かいますが、これは、自立した個人の育成による民主主義の建設を目指したということです。さらに言うなら、この自立した個人は自然状態にある人間、他の誰にも頼らず自分自身の力で生きられる自由な人間を創造することなのです。

現在、私たちの社会にも平等は存在しません。ルソーは存在しない平等を求め、完全な民主主義のモデルを『社会契約論』に描きました。ところが、ルソーの死後、フランス革命が始まり事態が進展し、平等なはずの主権者（市民）が、実は階級に分裂していたという事実が明らかになっていきました。

このことは、ルソーの思想体系に階級的観点が存在しなかったということを物語っています。平等な社会を実現するためには、階級の解消が必要なのです。ルソーの時代には未だ労働者階級の成長が微弱で、資本家と労働者の利害対立よりも、王侯・貴族・僧侶に対立する市民、という括りの中で利害対立が存在していました。そのため、資本家対労働者という階級的観点が薄弱だったのです。

時代の制約があって、これは仕方のないことだろうと思います。市民の各階級への分裂を発見することは、経済学の発展無くしては困難であったという事情も働いていました。

『エミール』の刊行は、一七六二年です。アダム・スミスが『国富論』で労働価値説をとなえたのがようやく一七七六年、その後リカードがその説を受け継いだものの、利潤と剰余価値との区別ができなかったため、資本家階級と労働者階級の利害対立の根源ははっきりとしませんでした。そして、マルクスがリカードの欠陥を補って剰余価値を発見したのです。

資本家は固定資本（生産手段）と流動資本（原材料費＋賃金）を投下し、生産された商品を市場で売りさばいて儲けを得ます。利潤はこの儲けから投下資本（固定資本＋流動資本）を差し引いた額となります。商品価格は、市場では常に社会的に平均化された労働量によって決まるため、利潤は、市場では市場価格（相場）が形成され平均化されてしまいます。なぜなら、生産性の低い生産設備で生産された商品は、その生産に長い時間を要したからと言って高い価格では売れないからです（カール・マルクス『資本論（1）』岩波文庫、74頁より要約）。

時代の制約の中で精いっぱい闘ったのがルソーです。少数の革命家や、政党によってなされた革命が、容易に官僚支配や独裁へと後戻りしている事態を世界のあちこちで目にする今日、彼の掲げた自律的個人の育成が、革命後の社会にとっていかに大切かということも、銘記しておく必要があるでしょう。

●幼年期の教育（五歳〜一二歳まで）

ここでは、子供が生まれてから一二歳までを幼年期として取り扱います。

ルソーは、彼が生きていたブルボン王朝時代の教育機関と社会の教育を次のように批判しました。それは、「いつも他人のことを考えているように見せながら、自分のことのほかには決して考えない二重の人間をつくるほかに能がない。ところが、そういう見せかけは、すべての人に共通のものだから、誰もだませない」ということです。

現在のわれわれの時代とそっくりです。このような当時の教育は、自然と人間とによって相反する道に引きずられ、その相異なる衝動に引き裂かれて、私たちをどちらの目標にも連れて行かない、中途半端な道をたどるのです。そのため、こういう中途半端な教育も公共の教育も除外して考えていかざるを得ない状態になり、後に残るのは家庭教育か自然教育となるのです。こうして「エミール」として描かれることになる子供は、家庭の中における一個人という典型として取り扱われました。

このようにして限定された家庭教育の目標を次に掲げます。

教育の目標

①生きることを教える——人間としての生活ができるようにすること。
②人生の良いこと、悪いことに良く耐えられる人間を育てること。

その方法として教訓を与えることではなく、訓練することが大切だとルソーは主張しています。しかし、この訓練は幼児期にあっては、「養うこと」を意味しているのだといいます。「教育（エデュカシオン）」とは古代において「養うこと：乳母は養い（エドカト・ストリクス）」を意味していたといいます。②の目標についてもう少し興味深い叙述が続くので次に抜き出してみます。

しかし、変わりやすい人間のいとなみを考え、すべてが一世代ごとにひっくり返ってしまう現代の不安動揺を考えると、決して部屋の外に出る必要のない人間、絶えず召使にとりまかれている人間として子供を育てること以上に、無分別なやり方を考えることができるだろうか。人は子どもの身を守ることばかり考えているが、それでは十分ではない。おとなになったとき、自分の身を守ることを、運命の打撃に耐え、富も貧困も意に介せず、必要とあればアイスランドの氷の中でも、マルタ島の焼けつく岩の上でも生活することを学ばせなければならない。（中略）死をふせぐことよりも、生きさせることが必要なのだ。生きること、それは呼吸することではない。活動することだ。私たちの器官、感官、能力を、私たちに存在感を与える体のあらゆる部分を用いることだ。最も長生きした人とは、最も多くの歳月を生きた人ではなく、最もよく人生を体験した人だ。

ここにルソーの人間観、人生観が語られているのです。

彼はまた、よい教師の資格についても言及しています。

第一の資格は金で買えない人間であることで、金のためでない職業が軍人と教師だといっています。この点に関しては大きな問題点として今後考えていかなければなりません。なぜなら、ルソーの考え方からすると、教員は聖職者として賃金も受け取らず、その身を教育に捧げなければならなくなるからです。それは僧侶が聖職者として神に身を捧げることと同じことではないでしょうか。ただここでは、ルソーの時代の家庭教師としての資格としては金のことを一番に考えるような教員ではいけない、というふうに考えておけばよいでしょう。また、公教育に携わる教員が、賃金としてその生活費を受け取って学校で授業を行っている形態が、永遠ではないということも検討していく必要があるのです。

ルソーは、主人公としてのエミールは、温帯地方の住人であるフランス人の孤児としました。そして貧乏人ではなく、金持ちの子を生徒として選ぶのです。彼は「なぜなら貧乏人は、自分の力で人間になることができるから、教育をする必要はない」と述べています。これは、貧乏人の子は手の労働によって自然に教育されるからだという意味ですが、今日の感覚からすれば差別に当たるでしょう。また、現代の子供たちの置かれている状況と比べると大きく異なっているため、典型としてのエミールの限界も感じられます。私たちの大きな教育課題として、格差社会の中での貧しい家庭の子の教育があげられていますが、この問題に関してルソーは役に立ちません。

彼は「子どもに健康を与えるのは、医学ではなく、労働と節制だ」と言っています。ここには既に労働教育論の原型があります。これが、フランス革命時に説かれた、市民自らが必要な資金を調達し、全ての子供を寄宿舎に入れ無償で教育する、という愛国心と規律・労働を重視したル・ペルチェの公教育案へと受け継がれてゆくのです。

ただし、ルソーの思想では自然状態にある人間が理想的な人間であるとされるので、医学は全面的に否定されます。病気はすべて自然治癒力に頼るだけになるし、ただ見守るだけなのです。この時代には、子供の生存率が低く、成人するのは半数でした。したがって、彼の考え方に従うなら、その生存率を自然のものとして受け取り、死をも受け入れるということになります。しかし、今日の医学の発展は、多くの病気を克服し、苦痛を取り除いてくれるという点で、ルソーの考え方を超えています。

●少年期（一二歳～一五歳）

少年期は人間の理性を育てる期間です。優れた教育の傑作は理性的な人間を作ることなのです。

実はこの「理性的な人間」というのは、後のコンドルセの「自律的な人間」のことであり、今日、私たちの教育基本法のいう「自律的精神」を持った人間のことなのです。したがって、ルソーの教育論の重要な柱の一つとなっているのが、この箇所です。

まず、人間は言葉を話せるようになるかどうかによって、幼年期と少年期に分けることができるのだといいます。幼児の時は泣くことが言葉でしたが、言葉を話すようになると、泣くことが少なくなります。自分ひとりで多くのことができるようになると、子どもは今までのように他人の助けを求める必要がなくなります。力とともにそれを正しく用いることを可能にする知識も発達します。

この第二の段階において、正確に言って個人の生活が始まり、ここで人は自分自身を意識することになるというのです。「記憶があらゆる瞬間における自分の存在の同一性という感情を拡大する」（同100頁）からだといっています。こうして自我を持つようになった子どもを、どのようにして理性的な人間に育てていくのか、ルソーの考えをみてみましょう。

一言でいうと、子どもを自由に育てることによって理性を育てるのだということです。自由とはどういうことでしょうか。自由とは他人に頼ることなく、自分の力だけで生きるいうことだとルソーはいいます。しかし、子供は自分でできる力が少ないから弱い存在であり、大人ほど自由ではない、そこで子供には手助けが必要になる、この手助けの技術が教育であるということになるのです。

それをルソーは次のように書いています。

> 本当に自由な人間は自分ができることだけを欲し、自分の気に入ったことをする。これが私の根本的な格率だ。ただこれを子供に適用することが問題なのであって、教育の規則は全てそこから導かれてくる。（『エミール（上）』112頁）

ここには、『人間不平等起源論』で展開された自然状態の人間が描かれています。自然状態の人間を、自由が奪われた社会状態の中で求めようとする中から、「自然へ帰れ」ということが言われるのです。続けて、少々長い引用ですが、ルソーは次のように言っています。

子供は自然状態にあっても不完全な自由しか行使することができない。それは社会状態にある大人が行使する自由と同じようなものだ。今では私たちはみな他人無しに済ませることはできない。この点では、わたしたちはふたたび無力でみじめな人間になっている。私たちは大人になるために作られていた。法律と社会は私たちをふたたび子供の状態に投げ込んでしまったのだ。（中略）この考察は重要な事であって、これは社会制度のあらゆる矛盾を解明する助けになる。依存状態には二つの種類がある。一つは事物への依存で、これは自然に基づいている。もう一つは人間への依存で、これは社会に基づいている。事物への依存は、何ら道徳性を持たないのであって、自由をさまたげることなく、悪を生み出すことはない。人間への依存は、無秩序なものとして、あらゆる悪を生み出し、これによって支配者と奴隷はたがいに相手を堕落させる。社会におけるこういう悪に対抗する何らかの方法があるとするなら、それは人間の代わりに法をおき、一般意思に現実的な力を与え、それをあらゆる個別的意志の上におくことだ。諸国民の法律が、自然の法則と同じように、どんな人間の力でも屈服させることができない不屈な力を持つことができるなら、その場合には、人間への依存はふたたび事物への依存に変わることになる。国家の内で自然状態のあらゆる利益が社会状態の利益に結び付けられることになる。

子どもをただ事物への依存状態にとどめておくことだ。そうすれば、教育の進行において自然の秩序に従ったことになる。子どもの無分別な意思に対しては物理的な障害だけをあたえるがいい。

（同114〜115頁）

この部分に、『人間不平等起源論』と『社会契約論』、それに『エミール』との関係が集約されています。そしてここから、ルソーの待機教育の発想が生まれるのです。

事物への依存は、自然が子供に求めているものを与えることです。この実例の中で、特に後の議論に登場することになる所有権について、ソラマメを作ることで子供に所有の観念を教える話が出てきます。ルソーはここで所有権は、労働にさかのぼると言い、一種の労働価値説を述べています。

さて次に、子供に対する私達の姿勢を決定する上で大切な問題について考えます。

> 子どもの魂が、あなた方の差し出す光を認めることは不可能なのだ。それはまだ盲目なのであって、どんないい目を持っているものにもまだ理性がぼんやりとしか示さない道を、広い観念の野を通って、たどっているのだ。初期の教育はだから純粋に消極的でなければならない。それは美徳や真理を教えることではなく、心を不徳から、精神を誤謬からまもってやることにある。あなた方が何一つしないで、何一つさせないでいられるなら、あなたがたの生徒を、右手と左手を区別することも知らずに、健康で頑丈な体にして十二歳まで導いていけるなら、あなたがたの授業の第一歩から彼の悟性の目はひらけて理性の光を見るだろう。（同132頁）

ここで言われているのは、少年期には子供は未だ理性が眠っている段階だから、教訓をたれたり、お説教したり、おどしたり、しかったりしてもかえって逆効果になるということです。肉体を、器官を、感官を、力を訓練させ、子供のうちに子供の時期を成熟させるがいいといっているのです（ただし、ルソーは野放しの自由放任を推奨しているのではないことを確認しておく必要があります)。

さあこの考え方はどうでしょう。現在の学校教育の中で、この消極教育を行うことが可能でしょうか。いじめが横行し、自殺する子供が出現する学校の中で、こんな悠長なことでやっていけるのだろうかという疑問が出てくるでしょう。しかし、ここでルソーが言いたいことの流れは何かというと、それは理性的な人間を育てるという文脈の中で考えなければならないということなのです。禁止や命令、服従や束縛の中で育った人間は、自分の頭で考え、自分で物事を判断して行動できる理性的な人間にはならないのだということではないでしょうか。教育基本法のいう「自律的な精神の涵養」や、コンドルセの言う「自律的な人間」の育成ということの考え方のもとになったのは、このルソーの理性的な人間の育成なのではないでしょうか。

そして理性的な国民が多くなれば、よりよい社会が築かれていき、戦前の日本人のような命令や服従によって動かされていく国民ではなく、専制や独裁を許さない人間が多くなれば、いっそう強固な民主的な社会が育っていくと考えたのではなかったでしょうか。

いじめが横行すること、学校のランクを上げることを強要されていること、扱いやすい生徒を増やすことなどのために、簡単に強権的な教育を導入することは、長い目で見れば理性的な人間の教育を放棄することであり、上からの命令に従順な人間を育てることであり、ひいては社会の崩壊を招くことになるだろうとルソーは警告しているのではないでしょうか。

次に、この篇で述べている少年期の教育の原則について、話をします。

ルソーは、少年期は、欲望は少ないが、余分の力を持つようになる時期なので、人間としては未だ弱い存在だが、子供としては強く、一生涯に一度しかおとずれない貴重な期間だと言っています。

教育の方法としては、感覚をとおして観念をつくるとして、実習、実験を重視し、これらによって得られた経験を演繹することで頭の中に整然と配列された観念を育て上げるのです。ルソーの目標は、エミールに学問をあたえることではなく、必要に応じてそれを獲得する能力を育て、学問の価値を正確に評価できて、そして何よりも真実を愛させることにあります。

その注意点として述べられていることを箇条書きにしてみます。

・この時期には人間関係の知識を前提とするものを除かなければならない。なぜなら、誤謬を招くから。
・書物によって学問を与えるのではなく、世界、自然を観察すること、実験、実習をすることによって、世界や自然に対する知識や観念を育むこと。
・道徳的秩序に属すること、社会的な効用に属することは、そんなに早く示すべきではない。
・生徒の質問に、生徒の観念で答えることができない場合には、こちらに非がなくても、悪いと認める。なぜなら、自分の落ち度をかくすことによって保てる以上の信用を保つことができるから。
・言葉で教えず、実物で教える。
・決して他の子どもと比べないこと。なぜなら嫉妬心や虚栄心によってしか学べなくなるから。

ルソーは、技術と工業についてどのように教えるかにも論及します。
技術と工業は社会なしには成り立たちません。これを生み出したのは、分業の必然によることを述べた後、「交換がなければ社会は存在し得ないし、共通の尺度がなければ交換は存在し得ないし、平等ということがなければ共通の尺度は存在し得ない。だから、あらゆる社会には、第一の法則として、あるいは人間における、あるいは事物における、契約によるなんらかの平等がある」と言います。
さらに、「事物の間の契約による平等は、貨幣を発明させた。つまり貨幣とはさまざまな種類の事物の価値に対する比較の表象にすぎない。そしてこの意味で貨幣は社会のほんとうの絆である。しかし、どんなものでも貨幣になりうる。昔は家畜がそうだった。貝殻は今でもいくつかの民族の貨幣になっている」と言って、次のように続けています。

金属は容易に持ち運びができるので、一般にすべての交換を媒介するものとして選ばれた。(同336頁)
この発明の効用は、違った性質のもの、たとえば織物と小麦を直接に比較するのは難しいことだ。ところが共通の尺度、つまり貨幣を作り出せば、製造業者と彼らが交換したいと思っているものの価値をその共通の尺度に比べて容易に見ることができる。

このようにルソーは一種の貨幣論を展開しています。そしてその後で、「どうして表象(貨幣)が実物を忘れさせることになるのか、どうして貨幣から人々の意見のあらゆる幻影がうまれたか」と貨幣の物神性にまで言及しているのです。貨幣として金属が用いられるようになった経緯と理由は、貨幣が物の価値を表すからだといいます。ここで、価値とは何かということは明確に語られていません。

ですが、この貨幣論の数行前に、「技術の交流は技能の交換によって、商業の交流は事物の交換によって、銀行の交流は手形と貨幣の交換によって成り立つ。こういう観念には互いに関連があるが、その基本となる概念は既に得られている。私たちはそういうことの基礎を、既に幼年時代に、園丁ロベールの助けをかりて与えている」と言って、ロベールの畑に撒かれていたメロンの種をほじくり返した話を示しています。価値は労働が生み出していることを示唆しているのです。すなわち、ルソーは既に労働価値説に立っていたということになるのです。

ですが、マルクスも言っているように、この時代では資本主義経済の発展がいまだ全般的ではありません。そのため、具体的有用労働から抽象的人間労働の概念が演繹されるには、労働力の商品化という現象が全般的でなく、その発見は難しいことでした。ただ、ルソーの先見の明は驚異的なものです。

アリストテレス以来、どうして褥と寝台とを交換することが可能なのかという問題が問われてきました。アリストテレスは、そこに共通の価値が存在するからだと述べましたが、価値の実体が何であるのかということは発見することができませんでした。

この価値の実体について、興味のある読者には『資本論（1）』「第一篇・第一章商品・第一節商品の二要素・使用価値と価値」を読まれるようお勧めします。そこで使われている織物と上衣の引用は、『エミール』のこの部分から受け継いだものなのです。

●第二の誕生（一五歳〜二〇歳）

ここでは、エミールの一五歳から二〇歳にかけての教育が扱われています。

ルソーは人間の一四〜一五歳の頃を第二の誕生と呼び、自尊心の芽生える時期だと言っています。ここは性に目覚める時期であることが最も重要な特徴です。また、恋愛は、知識、偏見、習慣からつくられる判断が行われた後、生じます。そのため、教育によって恋愛をつくれることになります。

ここから、性教育の必要性を説くことになっていきますが、その方法としては、やはり自然にしたがって行えとルソーはいいます。生徒に現れてきた性に対する情念に秩序と規則を与えるには、情念が発達していく期間を引き延ばして、整理する余裕をもたらすことが大事なのです。つまり、性に対する情念に秩序を与えるのは人間ではなく、自然がそうするのです。また情念を不徳に変えるのは想像だとして、悪い想像が生じないようにするには、良い環境に生徒をおくことが重要だというのです。

さて、エミールにも自然がもたらす避けられない時期がどうしてもやってこなければなりません。人間はいずれ死ななければならないから、その前に繁殖して、人類が永続し、世界の秩序が保たれるようにしなければならない、という理由で、エミールにソフィーという名の愛人を与えます。ソフィーとは知恵という意味を持っており、知性的な女性像をエミールに与えようというのです。しかし、同時に次のように微妙な表現をしています。

だからといってわたしは、この世にありえないような完璧な典型を描いて、青年をだますことを望んでいるのではない。ただ、わたしは、彼の愛人の欠点を、彼にふさわしいように、彼の気に入るように、彼自身の欠点を改めさせるのに役立つように、選ぶことにする。わたしはまた、描いてみせる対象の存在をいつわって肯定して、彼にうそをつくことを望んではいない。しかし、描かれたものが気に入れば、やがてはその実物が欲しくなる。『ほしい』から『あるかもしれない』までの距離は短い。

ちなみに、ルソーのこのような考え方は、彼の恋愛観が影響していると思われます。

私たちの心に人間愛を感じさせるのは、私たちに共通のみじめさなのだ。人間でなかったら、私たちは人間愛など感じる必要はまったくないのだ。愛着はすべて足りないものがある証拠だ。私たちの一人ひとりが、他の人間をぜんぜん必要としないなら、他の人間といっしょになろうなどとは、誰も考えはしまい。こうして私たちの弱さそのものから私たちのはかない幸福が生まれてくる。

ところで、何者も愛していないものが、幸福でありうるとは考えられないのだ。そこで私たちが私たちと同じような人間に対して愛着を持つのは、彼らの喜びを考えることではなく、むしろ苦しみを考えることによってなのだ。

私たちに共通の必要は、利害によって私たちを結び付けるが、私たちに共通のみじめさは、愛情によって私たちを結びつける。

どこへ行っても、目にふれる現実の対象より、幻影のほうを好ましく感じさせる様な比較を、彼がするようになればいいのだ。それに、ほんものの恋と言ってもそれは一体どういうことなのか。それは幻影、うそ、錯覚にすぎないのではないか。人は自分が作り出すイメージを、それを当てはめる対象よりも、はるかに愛している。愛している人を正確に、あるがままにみたとすれば、地上には恋などというものはなくなるだろう。（『エミール』（中）26頁）

苦労人でリアリストのルソーらしい恋愛観ではありますが、それはルソーが、女性の地位に関して、至って保守的な考えしかもっていなかったことによります。女性は男性の生活を豊かにする存在としか考えていなかったのです。このような考え方は今日の私たちには受け入れられません。

次に、青年期の特徴として現れてくるのが、友情であると言います。友情は愛情よりも早く青年のうえに現れる特徴で、これは青年に自分と同じような人間の存在を教えることであって、人類に対する感情が、異性に対する感情よりもはやくめざめることを証明していると言うのです。このことは年若い青年の心に人間愛の種子を植えつけることだと述べて、大いに友情を持つことを推奨しています。

そのほかに、この時期に必要な教育として、労働による教育の必要を述べて次のように述べています。

骨の折れる仕事で彼の体を鍛錬させることによって、彼を引きずっていく想像力の活動を抑えるのだ。腕が盛んに働いていれば、想像力は休んでいる。

また狩猟もこの時期に適するといいますが、これはスポーツと読みかえる必要があるでしょう。

そして最後に、人間や社会について教えることが残ります。これがこの時期のもうひとつの教育の柱となるのです。その方法として、歴史による人間や社会についての教育ということを述べるのですが、歴史は、人間の良い面からよりも悪い面から描いているから、その中でも特に伝記を選んで読ませることを薦めています。

●宗教教育について

次は宗教教育について考えてみましょう。ルソーの時代にあって、宗教は大きな社会問題であり政治問題でした。なぜなら、ブルボン王朝による専制政治が、カトリック教会の思想と権威に結びついて、国家を支配していたからでした。

そんな中、ルソーは彼自身の思想に基づいて当時はタブーとなっていた、カトリック教会批判を行いました。それがこの『エミール』の一節なのです。これによって、ルソーにはフランス政府から逮捕状が出され、ジュネーブへと逃げるのですが、その地の政府からも逮捕が指令されました。

しかし、ルソーの宗教についてのこの考察から、信教の自由と宗教教育の禁止という、今日世界中の国々で実施されている大原則が生まれてきました。その思考の過程をたどってみましょう。

まずルソーは、理想の人間像、目標とする人間を次のように描いています。

しかし、まず考えていただきたい。自然の人間をつくりたいといっても、その人間を未開人にして、森の深いところに追いやろうというのではない。社会の渦の中に巻き込まれていても、情念によっても、人々の意見によっても引きずり回されることがなければ、それでいい。自分の目でものを見、自分の心でものを感じればいい。自分の理性の権威のほかにはどんな権威にも支配されなければいいのだ。

さて、その理性の目をもって、理性的な人間の育成をとなえるのです。

ルソーはこう述べて、ルソーは神について考え、神についての三つの信条を述べます。

ある意志を持つ存在（神）が物質世界を動かしている。

神の英知は世界の運動に一定の秩序を与えている。

人間には行動の自由があり、したがって人間の魂は物質とは違う本質を持つ。

この三つの信条を起点として、良心を人間の中の神性であると考え、カトリックの教えの矛盾を鋭く突きます。その議論は興味深いので引用してみます。

すべての民族が神に語らせようと考えついて以来、あらゆる民族はそれぞれの流儀で神に語らせ、自分が望んでいることを神に語らせた。

宗教の儀式と宗教そのものとを混同しないことにしよう。神が求めている信仰は心の信仰だ。そしてこれは、まじめなものであれば、かならず一様のものだ。司祭の衣服や彼が唱える文句や、祭壇の前で行う動作や、膝を曲げて祈ることなどに、神が大きな関心を払っていると考えるのは、実際ばかげたくだらないことだ。

この地上に見られるさまざまの宗派、たがいに、うそだ、間違いだと悪口を言い合っている宗派のことを私は考えた。真理はひとつではないのか。

そこで、まじめに真理を求めるなら、生まれによる権利とか、父親や牧師の権威とかいうものは一切認めないで、私たちの幼いときから彼らが教えてくれた、あらゆることを思い出して良心と理性の検討にゆだねることにしよう。(『エミール(中)』184頁)

そして次のような議論に到達します。

私たちはユダヤ人が信じてもいないイエス・キリストに対する尊敬を彼らに要求しているのだが、それと同じように、私たちが信じてもいないマホメットに対する尊敬をトルコ人が私たちに要求するとしたら、トルコ人は間違っているのか。私たちが正しいのか。どんな公正な原則に基づいて私たちはこの問題を解くことができるのか。(同202頁)

人類の三分の二はユダヤ教でもマホメット教徒でもキリスト教徒でもないし、モーセとかイエス・キリストとかマホメットの話など一度も聴いたことのない人が何百万いることだろう。（同202頁）

こうした過程を経て、次の結論にたどり着くのです。

（もし私が、司祭区の管理を任せられているとしたら、）すべての人を、分け隔てなく愛し合い、互いに兄弟と考え、あらゆる宗教を尊敬して、みんながそれぞれの宗教を信じて平和に暮らしていくようにしむけるだろう。（同214頁）

民族が宗教によって分断されている彼の時代（現代も同様）に、民族の枠を超えて平等を求め、現状を解決する方法としたのが、信教の自由なのです。そして、信教の自由を守るためには、特定の宗教による教育は行ってはならないという「宗教教育の禁止」の原則が生まれてくることになるのです。信教の自由を守るための大切な原則としてはもう一つ、「政教分離の原則」があります。日本国憲法では、次のように規定されています。

信教の自由は、何人に対してもこれを保障する。いかなる宗教団体も、国から特権を受け、又は政治上の権力を行使してはならない。（日本国憲法第二〇条「信教の自由、政教分離」）

この問題について、実例によって考えてみましょう。

もともと「政教分離の原理」が生まれたのは、一八世紀の近代国家誕生のころでした。フランスではブルボン王朝が、カトリック教会の権力を利用してプロテスタントを弾圧し、イギリスではヘンリー八世がイギリス国教会を設立してピューリタンを迫害したことから、政治が宗教を利用してはならないという「政教分離の原則」が必要でした。また逆に宗教の側が、政治を利用することも禁じなければなりませんでした。ローマ・カトリック教会は、中世の長きにわたってヨーロッパ各地の強力な王権を神聖ローマ皇帝に任じることで自らの権力を維持してきたからです。

現代においても、アフガニスタンのタリバン政権は政教一致の政治を行っています。それが如何に基本的人権を侵しているかは、明白な事実です。

二〇二二年七月には、安倍晋三元総理大臣の暗殺事件から期せずして浮上した「世界平和統一家庭連合（旧統一教会）」と政治家との関係が、憲法二〇条の「政教分離の原則」に違反しているのではないかと指摘されるようになります。安倍晋三元総理や細田博之衆議院議長が、「世界平和統一家庭連合」の集会に参加して挨拶している映像が残されているのです。二人とも総理、議長在任中のものです。また、「旧統一教会」が「世界平和統一家庭連合」へ名称を変更した時、政治家の指示があった可能性も浮かび上がっています。

二〇二二年八月三日の朝日新聞朝刊に次の記事が掲載されています。

文部省元事務次官の前川喜平氏は、名称変更を認めた対応に疑問を投げかける。九七年に文化庁の宗務課長を務め、名称変更時は事務方ナンバー2の文科審議官だった。

前川氏の証言によると、宗務課長時代の九七年、旧統一教会側から名称変更の相談があった。教団をめぐっては不安をあおり高額商品を売りつける霊感商法などが社会問題となり、民事訴訟が相次いでいた時期だ。

前川氏は「名前を変えることは正体隠しにつながる。教団の教義や社会的な認知などの実態が変わっていないという理由で、申請されても認証できないと部下が教団側に伝えた」と証言した。

前川氏は一五年の名称変更の際も、担当課長から報告を受けたという。変更理由や政治家の関わりについて報告があったかは「記憶がない」とした上で、「役人は前例踏襲で百八十度方針を転換することなんてしない。政治家の指示があったとしか考えられない」と推測する。

もともと、旧統一教会は、岸信介元総理（安倍晋三氏の祖父）が全学連の安保闘争によって退陣した後、左翼学生運動に対抗するため、統一教会の創立者である文鮮明と協力して、「勝共連合」を立ち上げた頃からの長い関係がありました。そのころから選挙の時には教会信者の組織票を自民党に投じたり、ボランティアとして選挙活動を手伝ったりしていたのです。

ちなみに、岸信介の戦前について、ジョン・ダワーの『敗北を抱きしめて（下）』（267頁）に次のような記述があります。「岸は明敏かつ悪辣な官僚で、傀儡国家満州で経済界の帝王として君臨し、何千、何万という中国人を強制労働させ、奴隷のようにこき使ったことなど、多くの責任を問われていた」、A級戦犯なのです。

「統一教会」から「世界平和統一家庭連合」へ名称変更した第二次安倍政権下の二〇一五年に、文化庁を所管していた文部科学相の下村博文氏は、前言を翻しながら「名称変更について報告は受けたが、指示はしていない」と言っています。彼は、自民党の清和政策研究会に所属し、自民党青年局長だった安倍晋三の下で同次長を務めていた関係にあったのです。

安倍氏の首相在任中における自民党の選挙運動には、多くの統一教会信者がボランティアとして参加しており、そのおかげで毎回の選挙結果に影響を与えていたことも判明しています。

また、二〇二二年一〇月二〇日の朝日新聞朝刊の報道によると、「『世界平和統一家庭連合（旧統一教会）』の友好団体（世界平和連合・平和大使協議会）が今年の参院選や昨年の衆院選の際、自民党の国会議員に対し、憲法改正や家庭教育支援法の制定などに賛同するよう明記した『推薦確認書』を提示し、署名を求めていたことがわかった。選挙で支援する見返りに教団側が掲げる政策への取り組みを求めたもので、『政策協定』ともいえる内容だ。文書に署名した議員もいた」と、「世界平和統一家庭連合」と自民党の国会議員との関係が明らかにされました。

二面には、「教団日本協会の田中富弘会長は八月の記者会見で『平和連合が国政と関わる度合いが大きい。基本姿勢は共産主義と対峙しており、その視点からいうと自民党の議員がより多く接点を持つことがある』などと語っている」というように、自民党への影響を公言しているのです。

これらのことは教会（宗教）による政治権力の利用であり、憲法二〇条違反に他なりません。その観点では、創価学会と公明党との関係も宗教による政治権力利用と言え、憲法二〇条違反となります。

信教の自由と政教分離の問題は、日本社会の現実問題として、私たちに突き付けられているのです。

●最終篇（結婚へ）

いよいよ『エミール』の最終篇（第5篇）です。

ここでは、エミールが、理想の女性ソフィーに出会って結婚するまでの教育が書かれています。まず、ルソーは性について、「性に関係の無いあらゆる点においては、女は男と同じである。同じ器官、同じ必要、同じ能力を持っている」（『エミール（下）』6頁）という一方、「共通に持っているものから考えれば、両者は平等なのだ。違っている点から考えれば、両者は比較できないものなのだ。（中略）一方は能動的で強く、他方は受動的で弱くなければならない」とし、「女性は特に男性の気に入るように生まれついている」（同7頁）といっています。そして、「女性に固有の使命は子供を生むことなのだ」（14頁）とも語っています。

このような考え方は、今日から見れば、男女差別にも相当する全く受け入れがたい保守的な考え方です。この点について、レーニンの妻であり、旧ソ連の教育政策の基礎を築いたクループスカヤは、ルソーは「婦人の問題では典型的な俗物」であると言っています。実際、『エミール』の中でルソーはソフィーについて、こんなことを述べています。

ソフィーは生まれのいい、善良な天性を持つ女性である。ひじょうに感じやすい心を持ち、なみはずれて強い感受性のために、ときにはいろいろと想像をめぐらして、それをなかなか抑えることができないこともある。彼女は、正確な精神というよりも鋭い精神をもち、気立ては優しいが、むらが無いわけではなく、容姿はふつうだが好感をあたえ、顔立ちはしっかりした人間を予告す

るいつわりのないしるしが見られる。（同82頁）

結婚については、ルソーは三つの一致する側面があるといいます。一つは自然の一致、二つ目は制度による一致、三つ目は人々の意見にもとづく一致があると言っています。その中で一番大切なのは自然の一致であるといっています。理由については、制度や人々の意見にもとづく結婚は、結局、人が結婚するのではなく、身分や財産が結びつけるのであり、それに対して、自然の一致による結婚は、人格的な関係によって結ばれるものだから、いつまでもどこまでも変わらないもので、その結婚は幸福なものとなるといっています。この点は私たちの時代も全く変わりません。

しかし、社会が複雑になっていくとともに、結婚も自然の一致、すなわち両者の合意のみに基づく結婚が成立しにくくなっているとルソーは指摘しています。それは社会的な身分、階級における人々の趣味、気質、感情性格が多様化、複雑化していくことになり、それらの一致が容易に得られなくなるからだといいます。だから、身分の平等は、結婚にぜひ必要なこととはいえないが、その一致が付け加えられれば、結婚に新たな価値を与えることになるのです。こうした見方は、多くの議論の余地を残していると言えるでしょう。

こうして、エミールはソフィーとめぐり合い結婚することになるのですが、その間、ルソーはエミールに二つの修行をさせることになります。一つは、エミールに職業を身につけさせることです。エミールはある指物師の親方の下に通い、職人としての技術を身につけますが、その目的は、ソフィーが家族を養うためのパンを稼ぐことができるようにするためなのだというのです。労働によってパンを稼ぐということが、長い人類の歴史を通して、営々と変わることなく営まれてきた行為なのだということが述べられています。こうした思想は、後の教育思想に、労働による教育・労働教育として継承されていくことになります。

ここで注意すべきことがあります。それは、ルソーが労働教育を実施する時期について、成人に近い時期を選んでいる点です。これは、労働を幼児に課した場合、健全な成長を妨げることになると考えたためです。資本主義経済の発展過程の初めには、どこの国でも資本の原始的蓄積の時期があります。そうした時代には、子供に過酷な労働を強いることで資本を貯めており、イギリスでは作家ディッケンズが『オリヴァー・ツイスト』などで描いています。日本では一九二五年（大正一四年）刊行の『女工哀史』に代表される頃のことです。このような資本による幼児労働の搾取のための職業教育と、労働による教育とは厳格に区別しなければなりません。ルソーの言う労働による教育とは、人間と人間との関係や社会的生産を通して、社会的諸関係をも学ばせようとするものなのです。

さて、エミールの二つ目の修行は、生活するためにどのような国が良いか、どのような社会制度が良いかを探す旅に出かけることです。そして、エミールが探し当てた理想の社会制度をもつ国こそ、人民が平等に、また民主的に政治を行う国なのです。それがルソーの『社会契約論』に描かれた社会制度をもつ国として、一五頁にわたって展開されています。

したがって、ここでも『社会契約論』と『エミール』の密接な関係が理解でき、ルソーの意図するものが、教育論の名を借りた社会改革論であることがわかるのです。

『エミール』によって、ルソーが近代教育の父と称される理由は、宗教からの分離・独立を果たし、科学的な視点から教育を考えたところにあるということは理解していただけたと思います。では、この宗教からの分離・独立はいかに成しえたのかということを、もう少し考えていきます。

その際、社会契約と主権と法との関係をどこから導き出してきたのかを考えるのが重要です。なぜなら、この概念こそが近代社会を特徴づけるからです。また、彼の思想が生成される過程がどのようなもので、現実の社会とどのような関係を持っていたのかを知る上でも大切なことなのです。

●ホッブズ『リヴァイアサン』からの影響

ルソーの社会契約の思想は、イングランドの哲学者ホッブス（一五八八～一六七九年）の主著『リヴァイアサン』にある社会契約思想を受け継いでいます。ルソーは、当時出入りしていたサロンで、フランス啓蒙思想家のディドロー（一七一三～一七八四年）やヴォルテール（一六九四～一七七八年）などと、『リヴァイアサン』について盛んに議論していました。そこで、『リヴァイアサン』にある考え方をここで検討してみます。簡略化が誤った概念をつたえることのないよう気をつけて要点を記します。

ホッブスは、人間は自然状態の中にあっては「死に至るまでやむことがない力への欲望」を持ち、「あたかも細菌のように、互いに何の拘束もなく成長して」、「万人が万人に対して戦争する状態」になるといいます。

自然状態の中では、人間は死ぬほかはない。この死の恐怖からのがれ、生きるという人間の権利（生存権）を得るためには、無制限な自然権を放棄し、契約によって個人に権力をゆずりわたし、権力（絶対権力）は万人の生存権を保障する。その契約の内容が法となるのです。これが、近代的な権利と法との関係となり、「絶対権力」のかわりに、「一般意思」を導入すると、ルソーの社会契約論になります。ところがどうでしょう。このホッブスの契約思想は、何と一七世紀半ばにイギリスで起きたピューリタン（清教徒）革命の人々の思想にもとづいています。ピューリタンの独立派の中には、キリスト教の「神との契約」という思想が存在し、その観念が世俗の問題にまで波及し、同意に基づく法の制定と、それによる拘束、服従という考えが生まれました。これが成文憲法案となり、立法によって政治制度を変革するという考え方に発展するのです。

一方、ピューリタンの平等派には、「最も貧しいものも、最も偉い人と同様に生きるべき生命を持っている（生存権）」という自然権の思想がありました。これらの思想が、革命を通してホッブスに影響し、彼に思想の契機を与えたのでした。ホッブスはまた、宗教が主権以外の権威を持つという理由で、あらゆる宗教を恐れ、また憎んでいました。なぜなら、彼はクロムウェル率いる軍によって敗北させられた王党派の一員であり、身をもってピューリタン革命の恐怖を体験していたからなのです。そうした事情で、ピューリタンの思想から宗教色を排除すると、『リバイアサン』の考え方になります。

思想というものに、現実と乖離したものはありません。ホッブスは絶対主義時代の王党派として生きた思想家ですが、革命側のピューリタン思想の影響を受け、近代的社会契約と法の基礎関係を築いたのでした。

ルソーの思想をたどっていくと、一方にはデカルト以来の思想の伝統を、モラル（理性）という形で受け取り、他方、ホッブス、ジョン・ロックを通してピューリタン革命の思想を受け継いでいたということになるわけです。すなわち、フランス革命を導いたルソーの思想は、モラリストの思想の土壊にピューリタン革命によって培われた社会契約思想の種が花咲いたといえるのです。

今日、革命などというと鼻で笑われるのが関の山ですが、私たちが生活している近代社会は、近代革命思想によって築かれてきたことを忘れてはなりません。また、その原動力となったのは、不平等を憎む人々の心なのだということも銘記しておかなくてはなりません。ピューリタン革命は、圧政を強いたチャールズ一世を処刑し、フランス革命は、自由と平等を求めてブルボン王朝を滅ぼしたのです。

今世界は、先進国と発展途上国との間に著しい格差が存在しています。同時に先進国と言われる国々の国内を見てみると、富裕層と貧困層の間には、ため息の出るほどの格差があり、それは拡大しつつあります。この社会的不平等の中に、革命の可能性とファシズムの危機が共存して潜んでいるのです。

フランス革命期の思想家、コンドルセの教育論

●公教育のはじまり

フランス革命によって、世界で初めて、近代公教育について論じられる時代がやってきました。ルソーは「市民が存在するには祖国が存在しなければならないが、ヨーロッパにはもはや祖国は存在せず、したがって市民をつくる公教育はありえない」と、私教育の指針として『エミール』を書いたのでした。

これに対して、フランス革命は、徹底的な社会革命として公教育の可能性を開き、革命の指導者たちに緊急の課題として、その必要を突きつけます。

オノーレ・ミラボーは公教育案の草稿で次のように書いています。

諸君は人々の心を憲法の水準に速やかに引き上げ、憲法が事物の状態と習慣の間に突然作り出した空隙を埋める手段を求めている。この手段は公教育の優れた手段以外にない。この制度によって諸君の建設したものは不滅になる。（コンドルセ『フランス革命期の公教育論』岩波文庫、449頁）

フランス革命が、立憲議会から立法議会、国民公会へと進み、ジャコバン派による恐怖政治、テルミドール反動からナポレオンの帝政に至る全過程を通じ、公教育の必要性は一貫して求められました。公教育を論じることは、あるべき社会、あるべき人間像を論じることでもあったため、めまぐるしく変転する革命政府の指導層の立場の違いによって、公教育のあり方も日々に変化錯綜していきました。とりわけ鋭く対立したのは、社会的結合を、理性に基づいて知的な公教育に求める立場と、社会的結合を、美徳・祖国愛に基づいて国民の徳育に求める立場でした。

前者を代表するのが、ジロンド派のコンドルセであり、後者が、一七九二年一二月二一日に国民教育案を国民公会に提出したラボー・サン＝ティチエンヌの徳育主義、一七九三年モンターニュ派のロベス・ピエールの提案に基づいて召集された委員会のルペルティエによるスパルタ的国家主義でした。一七九三年国民公会の法令修正の命に従ったブーキエにいたると、学校によらない革命的実践論となっていました。このように、各々の階級的利害にたった主張を展開していくことになるのです。

したがって、フランス革命期に展開された公教育論は、後の時代のあらゆる公教育論の原型を含んであり、根本的な問題はすべて網羅していました。

フランス革命は、経済の面から見れば、社会の桎梏となっていた封建制を廃止することによって、成長しつつあった資本主義に自由な発展の道を切り開きました。実際、フランスはその後、近代産業国家の道を突き進むことになるのです。

革命期に展開された公教育制度は、フランス革命が結果として生み出したブルジョア社会の公教育制度として利用されていくことになります。ですがその内容は、はるか資本主義社会の先まで予見させるものとなっています。それはあたかも、青年期に貧しい奨学生としてルソーに心酔していたロベス・ピエールが、小生産者の平等な社会をめざして敗北し、ギロチンに散った革命的行動が、後の社会主義の予感を我々に与えるかのようです。

それはともかく、フランス革命期の公教育案の冒頭にあって、きわめて重要な内容と包括的な広さを持ち、公教育の必要と限界を認識しながら、しかも時代の枠を飛び越えて論じたのが、コンドルセでした。その教育論は、現代の公教育制度に大きな影響を与えているほどです。

コンドルセの議会への報告書「公教育の全般的組織についての報告と法案」(『フランス革命期の公教育論』)にある最後の一節を引用してみます。

権力によって設立された学術団体が余計なものになり、したがって危険なものになる時代、あらゆる公教育制度さえも無用になるような時代が、おそらく到来するだろう。よくみられるような誤謬がもはやまったく恐れるにたりないものになり、利害や情念に訴えて偏見を助けるような主張がすべて影響力を失うような時代、啓蒙がすべての地域と階級に平等に普及し、科学とその応用もあらゆる迷信や有害な虚偽の学説のくびきから開放される時代、各人が自分の知識と正しい精神を身につけ、それを武器にしてペテン師のあらゆる悪巧みを十分に退けることのできるような時代――このような時代がおそらく来るだろう。しかしその日はまだほど遠い。我々の目的はこの時代を準備し、その到来を早めることにある。我々はこれらの制度の確立に力を注ぎ、そのことによって、これらの制度が無用なものになる幸福な瞬間の到来を早めることに、たゆまず取り組まなければならなかった。（『フランス革命期の公教育論』103〜104頁）

ここにはコンドルセが求めていたものが描かれています。それは平等な社会です。そしてそれはフランス革命がめざしていた社会でもあるのです。

コンドルセは平等な社会が実現されたなら、そこでは公教育さえも必要ではなくなるといっています。そしてそうした社会を実現するまでの間、当面の必要として、実現するための準備として、公教育を考えていこうといいます。ここに彼の公教育論の大きさ、偉大さがあるのです。

コンドルセが、公教育論を発表してから二百数十年が経過しました。しかし、私たちの間には未だに貧富の差が存在し、その格差が拡大してさえいます。それはこの社会が未だ資本主義経済による社会であることを物語っています。このことは、逆に社会システムを変更することによってのみ、社会的不平等が解消されることを示しています。

社会は学校によって作られるのではありません。学校が社会によって作られるのです。

●ニコラ・ド・コンドルセ

フランス革命期の種々の公教育論の中で、特に重要なのが、コンドルセの「公教育の全般的組織についての報告と法案」です。それは世界の国々の公教育制度の基礎となり、土台となって、今日でも世界の各地で公教育の原型を与えているからです。コンドルセについて、その略伝を述べてみます。

フランス北東部の農村の貴族の家に生まれ、二二歳で書いた「積分論」がダランベールの称賛を受けて数学者として名を成し、科学アカデミー会員となりました。財務総監のチュルゴーのもとで造幣局総監を務める一方、社会科学を科学として確立する方法論に情熱を傾けます。革命前夜には、各身分に応じて作られた三部会召集の組織活動として「三〇人会」がつくられましたが、ラファイエット、ミラボー、シェース、タレイランらとともに、彼も中心的な活動をしています。

一七九三年、パリの民衆は革命存亡の危機に際し、妥協を排するため国民公会を包囲し、二九人のジロンド派議員を逮捕しました。コンドルセはこの不法な実力行使とそれを煽動したモンターニュ派を激しく非難し、それがもとで七月八日にコンドルセに対する逮捕状が出されたのです。翌年三月二八日パリ郊外の小村で逮捕、翌二九日、村の牢獄で自死しました。

●コンドルセの三つの公教育案

コンドルセはまず、教育の目的を次のように述べます。

人類に属するすべての個人に、みずからの欲求を満たし、幸福を保障し、権利を認識して行使し、義務を理解して履行する手段を提供すること。各人がその生業を完成し、各人に就く権利のある社会的職務の遂行を可能にし、自然から受け取った才能を完全に開花させ、そのことによって市民間の事実上の平等を確立し、法によって認められた政治的平等を現実のものにする方策を保障すること。これらのことが国民教育の目的でなければならない。そしてこの観点からすれば国民の教育は公権力にとって当然の義務である。（同11頁）

つまり、すべての人間には自己完成能力があり、それを実現させることによって、政治的平等も市民間の事実上の平等も現実のものにすることができるのであるから、自己を完成させること、それが教育の目的であるというのです。そしてその教育を行う義務は公権力にあるといって、「義務教育」の概念が初めてここに記されました。教育の義務は公権力、すなわち政府にあるといっているのです。この点は非常に大切な点であると思います。義務教育というと、一般には、一定の年齢に達するまでの間、親が子供に教育を受けさせる義務と解されるのですが、実はそうではありません。

次に、公教育委員会は、義務教育を実現するための基本的立場として三つの観点を提案しました。一つ目は、教育の機会均等の原則で、こう記述しています。

まず配慮すべきことの一つは、教育を平等で全員に行き渡るようにすることであり、もう一つは、状況の許す限り完全なものにすることであると我々は考えた。（同13頁）

教育の機会均等の原則は、平等な社会を実現するための一つの手段として提案されたのです。しかし、現在の私たちの時代にあっては、名目だけが残りその目的が忘れ去られているのではありませんか。また、コンドルセは「平等な教育を全員に」といっていますが、我々の社会では果たしてそのようになっているでしょうか。平等な教育どころか、所得の違いによって、与えられる教育の内容が違っています。そして「ゆとり教育の見直し」が行われて以来、ますます教育の格差が広がっています。幼児教育から「お受験」を経験する子供がいる一方で、初等教育さえ受けることができない子供が増えてきているのが現状です。派遣労働が当たり前に行われ、非正規労働者が労働人口の四割近くになって、持てる者と持たざる者との差が歴然として顕れてきています。他方、「教育の市場化」などを掲げ、教育を儲けの手段とする腐敗した風潮が蔓延しています。我々の社会は、もう一度フランス革命の目指したものが何であったのかを問い直す必要があるでしょう。

二つ目は、教育の政治権力からの独立です。この点が、コンドルセ案とその他の案との違いを決定的なものにしており、重要な内容となっています。

あらゆる教育の第一条件は真理のみを教えることにあるから、公権力が教育にあてる諸機関は、あらゆる政治的権威から可能な限り独立していなければならない。（同13頁）

コンドルセは政治権力に対する考え方を、次のように述べています。

一般的にいって、その性質がどのようであれ、また誰の手中にあるにせよ、権力はすべて啓蒙の敵である。人々が啓蒙されればされるほど、権威を持つものはそれを濫用しにくくなり、社会的権力に広がりとエネルギーを与える必要は小さくなる。真理は権力とそれを行使するものの敵である。真理が広まれば、権力とそれを行使するものは人を欺くことを望みにくくなる。真理がより多くの力を獲得すれば、社会は統治される必要がなくなる。（同「公教育についての第五の覚書」104頁）

これを読むと、理性に対して絶対の信頼を置いていることが理解できるとともに、政治権力に対する不信の強さが伝わってきます。これが教育の政治権力からの独立の原則となるのです。

それにつけても、この観点からすると、二〇二一年に菅義偉内閣で起こった日本学術会議の任命拒否問題は、日本政府の不明を証明するとともに、コンドルセの危惧が現実であることを物語っています。

政治権力からの教育の独立について続けます。

政治権力からの教育の独立が非常に大切なことは、明治以降の日本の歴史を見ただけでも明らかです。たとえば、教育勅語による皇民化教育によって、日本の軍国主義政策が進められていったことを考えてみると、日本では教育の政治権力からの独立という考え方が、全くなかったことを示しています。また戦後の歴史を取ってみても、二度にわたる教科書裁判や、多くの場所で闘われた「日の丸・君が代」強制反対運動などを通じて理解できるのは、教育が政治権力に支配され、権力の都合のいいように真実が隠蔽され歪曲されていることです。

こうした権力の危険性を、コンドルセは二百数十年前に見抜いていたのでした。ただ「教育の独立は、絶対的なものではないから、権力のうちで最も腐敗しにくく、個別の利害に左右されにくい議会のみに従属するべきである」と付け加えています。日本なら「文部科学省」は不要ということになります。

最後に、三つ目の基本的立場は、生涯教育の原則です。貧しさのために、十分な教育を受けられなかった人々のために、あらゆる年齢の人々が学ぶ機会を持つことが必要だとしています。

以上の三つの原則によって作り出されたのがコンドルセの公教育案なのです。

●公教育論の具体案

コンドルセは、具体的にどのような制度を構想していたかを見てみたいと思います。

①初等教育：人口四〇〇人の集落ごとに一つの学校と一人の教員が配置される。
②公開講座：毎日曜日に開かれ、どんな年齢の人でも参加することができる。

ここでコンドルセは理性的な人間を育てることの大切さを次のように訴えています。

フランスの憲法も権利の宣言でさえも、崇拝し信じるべく上から下ろされた書として提示されるのではなく、それが単純な原理――自然と理性が命じ、諸君が幼年期から永遠の真理であることを学んできた単純な原理の展開に過ぎないということを学ぶのだ。（同18頁）

③中等学校：子供の稼ぎに頼らず、より長い年数をかけて教育することのできる家庭の子供のために設けられる。人口四千人以上の都市に一つ。教員数は一人から三人。技術に必要な数学、化学の基礎知識。道徳と社会科学の原理、商業の基礎知識が教えられる。これらは機械の導入で単調になった産業に携わる人々が、愚鈍にならないようにするために必要。毎日曜日に公開講座が開かれる。

④学院：公職を遂行するための準備あるいはより深い研究を行うための教育。数は一一〇で、各県に置かれる。農業、工芸、軍事技術、医学を教える。月に一回の公開講座を置く。

この段階で教育の内容に次のような特徴を持たせたと述べられています。数学・物理学と精神・政治科学の重視、ラテン語・古典教育の縮小がそれです。その理由は市民社会を形作る理性的な人間の教育を目指すからです。また特定の宗教による教育は、社会的利益の平等をそこねたり、言論の自由に反する恐れがあるので許されないとしています。

⑤リセ：全国に九校を置く。科学の深い研究に携わる人々を養成する。

以上の全段階の教育は、教育の機会均等を保障するため無償としています。

教員の報酬についても大切な意見が述べられており、教員には固定給を支払うようにし、生徒数に応じて収入が増えるようなことをしてはならないといっています。生徒数によって報酬を決めるようなことになると、学校間の格差が生まれ、教員が計算づくのものとなり、教員が偏見と闘ったり、ある種の利害に反対することができなくなるからです。

そしてまた、教育を世論に隷属させないように注意しなければならないとしています。教育は世論に先行し、世論を正し、世論を形成しなければならないが、世論に追随し、服従してはならないのです。翻って、我々が現在おかれている教育の現状はどうでしょう。教員の評価が、管理職と生徒の側から行われ、学校間に競争が持ち込まれ、保護者の〝世論〟（評判）に隷属していないでしょうか。

●教科書について

初等学校と中等学校の教科書は、すべての市民、すなわち公教育に貢献する熱意を持つすべての人々から公募されるが、学院の教科書の著者は任命によるものとする。しかし、リセの教授には、担当する学科目を教えることを除けば、教科書の使用については何の義務も課せられない。（同69頁）

日本では、検定制度によって公権力に認められた教科書の中から選択理由を詳細に記入する手続きを踏んで使用できるようになります。しかも最近では一部の右翼勢力が望む反動的な教科書が強引に上から押し付けられる事態も生じています。これと比較すると、コンドルセ案は何という違いでしょう。

⑥国立学術院：教育の最高の段階であり、第一部門（数理科学）、第二部門（精神・政治科学）、第三部門（数理科学の技術への応用・医学・農学・航海術）、第四部門（文法・文学・芸術・古典学）に分かれ、それぞれの部門は公開の部会を持ち、科学を研究する人々が講演を聞き、議論に参加することができるのです。国立学術院の会員は、互選によって選出され、候補者名簿は公開されます。

さらに、教員の選出方法については次の通りです。まず国立学術院の会員は、公開された候補者名簿から互選によって選出されます。リセの教授は、国立学術院の各部門が、公開された候補者名簿から選出し、リセの教授は、市町村によって絞られた名簿から学院の教授を任命するという形がとられます。最後に初等学校と中等学校の教員は、学院の教授が候補者の名簿を作成し、自治体と家父長が教員を選出するのです。

このような組織においては、学者が大きな力を持つようになりがちですが、公教育は正規の形式によって集められた人々に公的な職務を与えることが重要ですから、一定以上の知識を持っている人々によって選考される必要があるのだと述べています。

こうしてコンドルセは、文部科学省のような国の機関が教育を支配するような事態を排除しました。

空想的社会主義者ロバート・オーエンの実践

ロバート・オーエン（一七七一～一八五八年）は、イギリスで活躍した空想的な社会主義者です。彼の教育論は、単なる理論ではなく、社会変革のための方法として実践されたものでした。

一八世紀のイギリスにおいては、世界で最初の産業革命が起こりました。それは資本が労働力を搾取してその力を蓄えていく、いわゆる原始的蓄積の時期にあたります。労働者の貧困と悲惨は目を覆うばかりであり、支配階級の側からも国の将来について憂うる声が上がるほどでした。

そんな中、ロバート・オーエンが現れました。彼は正規の学校教育を受けず、一一歳のときにロンドンへ出て、丁稚奉公をしたり、洋服屋その他の店員となったり、商人としての実務を身につけていきました。そしてマンチェスターのある商会に務めることになります。折柄の産業革命の風雲に乗じ、二〇歳そこそこにもかかわらず同地の紡績工場で五〇〇人の工員を使う支配人となったのです。ここで彼は、商業実務の上に産業の経営と技術についての実際的知識を習得します。彼は有能な企業家として活動するわけですが、彼の思想の全性格は企業家として活躍した経験が形作ったと言えます。

一八〇〇年、スコットランドのニュー・ラナーク紡績工場を譲り受け、以後二〇数年にわたり、この工場の管理者及びその村の統治者となります。ここで彼の教育論が生まれ実践されていき、ニュー・ラナークは、ヨーロッパ中に「社会改良のメッカ」として知られていきます。

オーエンの思想は単なる教育思想ではなく、社会変革と深く結びつくところに特徴があります。人間は環境の産物であり、人間の変化は環境の変化によってのみ可能だと考えます。これはフランス革命期の啓蒙思想であるところの「環境決定論」に由来しています。そして資本主義社会を変革するには、人々の無知を教育の力で開明し、不変の真理を自覚することによって成し遂げるのだとするのです。

しかしこの環境決定論は、機械的唯物論であるといわざるを得ない部分も持っていました。実際には人間は環境によって影響を受けると同時に、環境に働きかけそれを変える力を持っているからです。ともかくオーエンの思想は、以上のようなもので、ここから彼の思想の特徴である社会変革のための教育至上主義がもたらされ、労使協調主義、福祉国家への志向、平和革命主義が生まれてくるのです。

また、彼はシティ・オブ・ロンドン・タヴァーン第二回公開集会の演説で述べているのですが、「宗教は新社会の実現を妨害する大敵だ」とのべて、宗教を否定しています。

ではオーエンの実施したニュー・ラナークの協同組合村・コミューンとはどのようなものでしょうか。

●協同組合村・コミューンとは

協同組合村の人数は、三〇〇人から二〇〇〇人の規模だと労働の費用は最も少なく、生産者と社会に最大の利益をもたらすので、最適だといいます。つぎに耕作される土地の面積は、一人当たり半エーカーから一エーカー（約四〇五〇㎡）、一二〇〇人あたり六〇〇から一二〇〇エーカーが必要だといっています。住民の住居は、職場の近くに作り、共同の炊事場と食堂を持ち、成人用の私室、寝室、居間があり、子供の教育のために学校を持っており、特に幼児のために保育園がなければならないとしています（保育園を最初に考えたのはオーエンだといわれています）。そして病院、外来者用の宿泊所、倉庫を持ち、教会をも併設しています。また風通しと日当たりをよくするため、建物の形は平行四辺形がよいといっています。これがオーエンの理想としたコミューンの姿です。

●オーエンの教育観

オーエンにとって、教育の目的は、コミューンを立派に統治することができる人間をつくることでした。そしてその方法にかんして「教育を考える時、それと協同組合のいろいろな職業との間に、密接な連関のあることを見逃してはいけません。実際こうした制度の下では、職業教育は教育の重要な部分なのです」と述べています。また、賞罰とか競争といった考えを排除して、系統的に有益な知識を得させるために、実物教育が良いと述べている点は、ルソーの教育法と一致しています。

ルソーの教育論に入る冒頭のところでお話しした、ベル＝ランカスター法といった、当時のいわばテーラーシステムのような教育法が一般的であった時代に、オーエンの提案した教育と社会制度は、たちまちヨーロッパ中の話題を集め、ニュー・ラナークは新教育の聖地となっていったのです。

ちなみにテーラーシステムとは、二〇世紀初頭にフレデリック・テーラーが提唱し発展した労働者の管理の方法です。一日のノルマを決め、これを達成した者に成功報酬を与え、達成しなかった者には不成功減収を課すという一種の出来高賃金システムです。そのための作業研究として、時間研究と動作研究を行いました。具体的には、ストップウォッチを用いて優れた労働者の作業時間を計測して標準時間を設定し、他の労働者にもその標準時間を守らせようと、無駄な動作を排除して最適な動作に従って作業するよう指導しました。

これに対して、アメリカ労働総同盟（ＡＦＬ）は、一九一三年と一四年にテーラーシステムを拒否する決議を行いました。また、心理学者や社会学研究者からも労働者の人間性を軽視しているという批判が出されました。

オーエンが社会改良を実践していく中で、その道を塞ぐように思われた障碍が三つありました。私有財産と宗教、婚姻制度がそれです。これらを廃止しようとした時、彼は滅び去ったのです。

しかしその後、イギリスで労働者階級の利益のために行われた進歩的行動は、すべて彼と結びついています。工場における婦人と児童の労働時間に制限を設定した工場法の成立、消費組合としての協同組合組織の発案、労働時間を単位とする労働貨幣による生産物の交換などは、彼の功績によるのです。

オーエンの意図は、人類全体への広がりを持ち、目的が良いものであったのに実現できなかったのはなぜなのか。その原因を次に考えてみましょう。

●オーエンはなぜ失敗したのか？

オーエンの失敗の原因を探るためには、経済学の歴史に立ち入らなければなりません。

当時のイギリスは、人口増とフランス革命期の輸入減によって穀物価格は高値を維持していました。しかし、農業革命の進行に伴う供給変動とナポレオン戦争の終結によって、価格が下落することを恐れた地主・農業資本家が要請し、穀物条例が制定されました。この条令は、国内の穀物価格が一定値以下になると、輸入を禁じるというものでした。

この条例には、産業資本家にとっては、安い穀物が輸入できなくなって賃金を低下させられなくなり、また労働者には生活費の上昇をもたらすものとして、強い反対の声が上がったのです。

なお、穀物条令をめぐって、地主・農業資本家の利益を代表して議論を展開したのが、『人口論』で名高いマルサスでした。一方、産業資本家と労働者階級の立場を代表して闘ったのは、古典派経済学の完成者リカードだったのです。

リカードは、アダム・スミスよりも労働価値説を徹底させ、商品の価値の大きさは、その生産に投下された労働量によって決定されると説きました。オーエンが後に労働紙幣を発明して使用したのは、リカードの労働価値説の上に立っていたからです。彼はまた、賃金は労働者の生計費であると述べ、資本家が得る利潤は生産物の価値から賃金と生産費用（固定資本）を差し引いた残りであると規定し、賃金と利潤は対抗的関係にあると説いたのです。

さらに、リカードは賃金・利潤・地代[※2]の三つの所得の相互関係を説明して、人口の増加によって穀物価格は騰貴し地代は増加するが、賃金は絶対的には増加しても相対的には減少し、利潤は絶対的にも相対的にも減少すると説きます。こうして穀物の高価格の維持を利益とする地主階級は、資本家および労働者階級の共通の敵であると論難したのです。

しかし、利潤の源泉や平均利潤（利潤は市場において平均化され、同じ商品であればすべて同じ利潤率となる）の成立を労働価値説の立場から説明することはできませんでした。それは利潤と剰余価値の区別ができなかったからです。その点を解明したのが、資本論第一篇・第一章・第一節の商品の二要素、使用価値と価値です。つまり商品を生産する有用労働（work）と、価値の実態である抽象的人間労働（labor）との二重性を発見することができなかったからです。

利潤と剰余価値の違いを正確に説明することによって、資本家による労働力の搾取が明白なものとなるのであるから、それがいまだ曖昧であったこの時代には、資本家と労働者間の利害対立の存在が、決定的なものであるという認識がなかったのです。

リカードの経済論にたったオーエンの初期の思想の特徴はここから生まれてくるのです。すなわち階級闘争を否定し資本主義社会の改良によって、支配者である資本家の自己変革を求めるというものでした。それがナポレオン戦争後の大恐慌の原因と救済策の研究を目的としてできた「シティ・オブ・ロンドン・タヴァーン第二回公開集会の演説」として現れるのです。

ここでオーエンは、イギリスの貧民が増大した原因について正確に次のように述べています。

ナポレオン戦争中に増大した機械制大工業による生産力が、戦争の終結によって過剰なものとなり、大量の失業者を生み出した。そして人々は機械力のほうが人間より安いことに気がついたのだ。（オーエン「シティ・オブ・ロンドン・タヴァーン第二回公開集会の演説」『社会変革と教育』明治図書、92〜93頁）

オーエンは解決法として、一九世紀初頭に機械の普及によって失業の恐れを感じた労働者が起こした機械を破壊しようとする「ラッダイト運動」のように機械を破壊するのではなく、労働者を教育することによって、良質の労働力を作り出し、多くの価値を生み出すようにすれば良いと主張しました。こうして教育の場として生産コミューンを創造して運営し、多くの成果を挙げたのでした。オーエンの成功は、第一に彼の実務家としての手腕によるのですが、これが資本家と労働者の間の根本的な利害対立の存在を無いもののように思わせもしたのです。一方、彼がコミューンの実践の中で体得した理想であるところの平等を実現するために、土地の私有と私有財産の廃止を持ち出したとたん、支配階級や産業資本家らから排斥されたのでした。

その後オーエンは零落し、アメリカから帰り、労働運動に接近していくことになるのです。そして一時は全国労働組合連合会の委員長となるのですが、労働運動に対する支配階級の弾圧はひどく、運動はたじろがざるを得なくなっていきます。

オーエンは一方ではストライキの一撃で生産を止め、協同組合村の社会制度に人々の目を向けさせることができると考えていました。他方、労働者自身が社会変革を実行する指導性はないと考え、階級闘争を否定して、支配階級を説得することによって社会を変革して行こうと考えていたのです。こうした思想的限界と現実の中で、次第に労働運動からも離れていかざるを得なくなっていくのでした。

オーエンの社会変革は失敗しました。しかし後世に大きな教訓を残しました。その第一のものは、教育改革と社会変革は不離一体のものであることを、身をもって示したことです。

エンゲルスは、『空想より科学へ』の中で次のように述べています。

イギリスで労働者の利益のために行われた一切の社会運動、一切の現実の進歩はすべてをオーウェンの名前に結びついている。たとえば彼は五年間の努力ののち、一八一九年、工場における婦人及び児童労働の制限に関する最初の法律（工場法）を実現した。また彼はイギリス全国の労働組合が一つの単一の大組織連合体となったときの第一回大会の議長だった。彼はまた完全な共産主義的社会組織ができるまでの過渡的方策として、一方において協同組合（消費組合及び生産組合）をはじめた。これはそれ以来商人も工場主もかならずしもなくていい人物であるという証拠となった。（中略）すなわちこれは（オーエンの試みは）、一切の社会的害悪の万能薬でなく、単に一層根本的な社会改造へのほんの第一歩にすぎないものと考えられていた。（『空想より科学へ』岩波文庫、48頁）

話は変わりますが、現在日本で話題を呼んでいる斎藤幸平氏の『人新世の「資本論」』によると、「協同組合による参加型社会」ということが推奨されています。ですが、この議論の誤りは、価値と使用価値の対立を否定し、商品形態に内在する剰余価値を再び見過ごすことになるという点にあります。ロバート・オーエンの轍を再び踏むことになるでしょう。

デューイのプラグマティズム

ジョン・デューイ（一八五九～一九五二）は、アメリカのプラグマティズムを代表する哲学者です。その活動は、哲学、心理学、倫理学、芸術論、社会思想、教育学の広い範囲にわたっていますが、なかでも、教育学の理論の実証として行われた、シカゴ大学付属小学校における教育実践は有名で、『学校と社会』という書物となって残されています。

プラグマティズムは、産業革命によって変化したアメリカ社会の現実と、アメリカ思想の源流であるピューリタニズムの間にできた溝を埋める役割を果たした思想です。

理論的支柱をチャールス・サンダース（一八三九～一九一四）にもち、その友人のウィリアム・ジェームス（一八四二～一九一〇）によって世界中に知られるようになり、デューイによってプラグマティズムは大衆化されました。

デューイの思想は、ダーウィンの進化論とコントの実証主義から出発しヘーゲル主義者としてドイツ観念論へ傾倒していきます。そして「すべての観念は、行動のための道具であり、思考は人間と環境の相互作用、環境を統制する努力の中から生まれ、かつ進化する」という哲学的立場に到達しました。

デューイが『学校と社会』を書いたのは一九一五年で、アメリカの「永久の繁栄」が謳われた一八九〇年～一九二〇年に属しています。そこからこの書が、アメリカのよき時代を反映した教育論となっていることがうかがえます。彼の教育論を眺めてみましょう（引用はすべて岩波の『学校と社会』より）。

●学校と社会の進歩

デューイは、学校は暗記と試験による受動的立場ではなく、興味あふれる活動的な社会生活を営む小社会でなければならないとします。そして小社会は、実社会と結びついて活発な相互作用が行われなければならないのです。また、学校は社会を構成するすべての個人の完全な成長に忠実であることによって、良い社会を築くことができるといいます。学校は以上のように大切な役割を果たすのです。

この後段の部分は、コンドルセの自律的個人の育成という思想を受け継いでいます。また、自律的個人を育成することによって、社会を改革するというオーエンの思想にも繋がっており、そこにデューイの思想の限界もあります。

一九一五年のアメリカは、産業革命による大量生産と大量消費の成長期にあり、変化した社会状態にあわせた教育を行う必要にせまられていました。そこでデューイは、手工教授を提唱します。

手工教授、つまり工作室作業の効果は、理論的に発見されたものではなく、本能的にこういう課業が、生徒たちを生き生きととらえていることに気がついたところから始まったと述べています。

これは、人間存在に深く根ざしたところから労働を通じた教育が生じているということで、ルソー以来の我々のテーマと一致しています。

デューイは労働について次のように述べています。

プラトンはどこかで、奴隷とは自分の行動において自分の意志ではなくて誰か他人の意志を表現する人間のことだといっている。方法・目的・理解が作業する人間の意識の中に存在しなければならないということ、すなわち、人間の活動がその本人にとって意味を持たねばならないということは、プラトンの時代におけるよりもいっそう緊切でさえある現代の社会問題である。(デューイ『学校と社会』岩波文庫、34頁)

現代の生産システムに内在する労働の疎外について、デューイはこのように認識しています。しかし、そのすぐ後で「或る人々は経営者であり、他の人々は使用人である。しかし前者にとってと同様、後者にとっても大事なことは、各自が自分の日常の仕事の内容に含まれている大きな、人間的な意義のすべてを読み取る力をつけてくれるような、そういう教育を受けていることである」（同35頁）といっています。この社会では、人々が経営者と使用人、すなわち資本家と労働者に分裂していますが、その両者に教育が必要だといっています。つまり階級分裂を前提として議論を進めているのです。

さらに、「いかに多くの被用者がこんにち、彼らの運転している機会の単なる付属物にすぎないことであろうか。このことの一部分は機械そのもの、ないし機械の生産物にかくも重きを置くところの制度に基づくであろうが、しかし大部分はたしかに、労働者が自分の仕事の中に見いだされる社会的ならびに科学的価値に関して、自らの想像力と自らの共感的洞察力とを発達させるべき機会をもつことができなかったという事実に基づく」（同35頁）とし、労働者が機械の付属物になるのはこのような生産システムを構成する社会組織にあるのではなく、労働者が教育を受けないからだというのです。

デューイの資本主義社会についての認識は、表面的で貧弱な理解であるといえます。この点については、デューイの項の最後で考察を深めたいと思います。

デューイは学校教育の目標を次のように言います。

> 我々の学校の各々をそれぞれ一個の胎芽的社会生活たらしめること、すなわち、より大なる社会の生活を反映する諸処の典型的な仕事によって活動的であり、芸術、歴史、および科学の精神が隅々まで浸透している、胎芽的社会たらしめることを意味する。学校が社会の子供の一人一人を、このような小社会の一員足りうるところまで導き、訓練し、奉仕の精神をしみこませ、有効な自

己指導の諸手段を供する時に、我々は、価値高い、美しい、そして調和の取れた大社会に対する最高、最善の保障を得るであろう。（同40頁）

大社会とは、アメリカの産業社会で、小社会とは、大社会の機能を模した学校のことなので、子供たちをアメリカ社会に適合するように学校で教育するということが述べられています。

●学校と子供の生活

ここでは、学校の内部における子供たちの生活および発達に対して、学校がいかなる関係をもつかについて述べています。旧来の学校が、耳および、耳から入る情報を反映する書物を媒介として課業を組み立てていたのに対して、デューイの学校では、子供のもつ本能（興味）にそって授業を行うというのです。

子供はもともとたいへん活動的な存在であって、活動するさいに自らの個性を発揮します。そのため彼らの本来持っている本能に基づいてその活動に指導を加えるのが教育なのです。

その子供のもつ本能（興味）を次のように分類しています。

①コミュニケーションの本能：言語に基づく社会的本能。
②構成的本能：遊戯、まねごとから始まる創作の本能。
③探求の本能：構成的本能とコミュニケーション本能との結合から生ずる。

④表現的・芸術的本能：右に同じ。

これらの本能こそ、子供が自然に持っている資源であり、投資されざる資本であるのです。そして子供の活動的な成長は、これらの本能を働かせることによって達成されるというのです。

それでは次に、これらの本能に基づいた教育の具体例を挙げているので紹介しましょう。この部分は、クループスカヤの『国民教育と民主主義』の中でも紹介されています。

①子供が庭で小屋を造って遊んだり、弓や矢を作って狩猟ごっこをしている機会から、原始時代の人間生活の探求へつなげ、さらに人類の歴史の学習へと発展させる。
②石矢の鏃から石の種類へ、さらに鉱物学へと導く。あるいは鉄器の製作から燃焼の原理へ。
③原始農業、漁労、牧畜から、自然条件の適不適を考え、地理あるいは理科へ。
④復誦（レシテーション）によって、言語教育へ。言いたいことを言うということによって、思想を形成させる。

しかし、こうした方法に対して、親たちから反対の声が上がります。この方法では子供に知識や訓練（躾）を与えることはできないというものでした。これは現代の親たちのもつ不安と同じで、激しい受験競争の中では、子供は知識を得なければ競争に負けてしまう、という疑念をもってしまうのです。このような状態を見ると、教育が社会を創るのではなく、社会が教育を作るのだということが証明されているように思うのです。

●教育における浪費

アメリカでは旧来、学校制度は次のよう別れており、相互の関連も無く並立していました。

①幼稚園：一九世紀にシェリングの哲学と育児室が結合したもの。

②小学校：一六世紀に、印刷術の発明と商業の発達に伴って、読み、書き、算を修得する実務上の必要から生まれた。

③グラマー・スクール：ルネッサンス期にラテン語とギリシャ語が、ローマ・ギリシャ世界を理解するうえで必要となった。デューイの時代では古典語がカレッジへ進学するための予備科となっていた。当時は古典語が、中世の諸処の制約から逃れる唯一の手段であった。

④工業学校と師範学校：一九世紀の産物であり、主として産業の必要から発達したもの。

デューイは、こうした学校の教育を、生活において統一するとしたのです。社会生活という大なる社会の一部分として、学校制度を見直そうとしたのでした。

学校と社会との関係は、次頁のようなモデル（**図1**）を用いて説明されています。

・家庭と学校との関係は、家庭での経験を学校で生かすことができ、学校での学習が家庭生活を豊かにする関係。

・産業と学校との関係は、子供が何らかの職業の準備をするものではなく、子供の日常生活とその周囲の産業的環境との間に自然な結びつきを作るという関係。

・大学との関係は、真理に通じるために最も上級な部分が最も初歩的な部分と相互作用を持たなければならない。

・郷土・自然との関係は、学校のおかれた環境を通して、自然科学への興味を持たせることができるというもの。

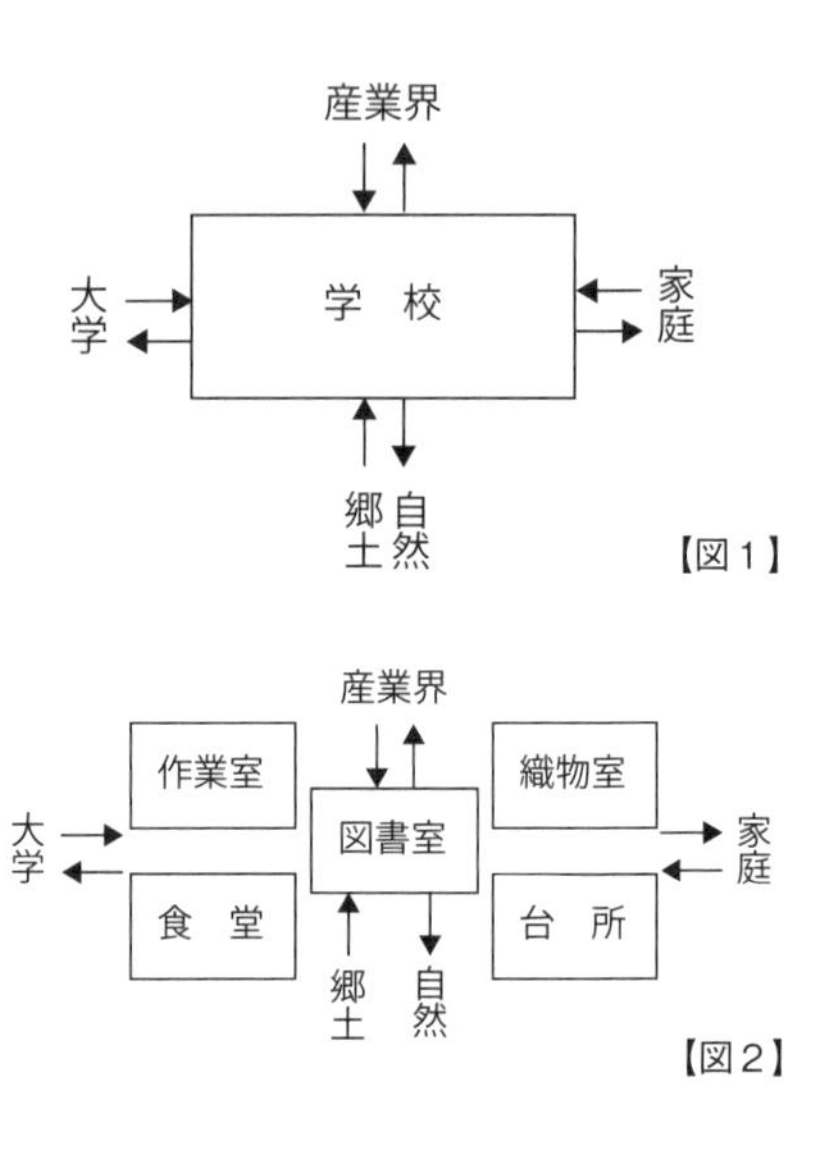

さらに次は、前図をもとにした学校の建物のモデル（**図2**）です。四隅の部屋は、その成果を中央の図書室で検証して、体系化、理論化し、再び各部屋へもどされます。したがって、図書室はレシテーションなどを通して、体験を理論化する場所となるのです。書物は経験の代用物としては有害なものであるが、経験を解釈し拡張する上においては、この上も無く重要なものであるといっています。

私たち日本の学校でも特別室と図書室がありますが、デューイのこのモデルがルーツとなっているのです。

●初等教育の心理学

デューイは、大学の付属小学校に与えられた最も重要な役割が、科学的な教育理論の進歩に貢献することであると述べて、その科学的方法として応用心理学を用いるとしています。

〝幼児教育の祖〟と言われるフレーベル（一七八二年〜一八五二年）など往時の心理学者は、個人の精神を切り離された個として捉えていたのに対し、デューイは個々の精神を人間の社会生活の一機能と考えます。したがって精神は、自然的・社会的環境において発達し、社会的必要と社会的目的が精神を形成する有力な要因となるのです。だから教育は、子供の社会生活と密接に関連するという見地から提示されなければならないというのです。精神は成長の過程をもつものだから、その段階を考慮に入れて教育を行う必要があるとして、三つの時期に分けています。

第一期は四歳から八歳の段階で、この時期の子供は、社会的、個人的興味が直接的であるという特性を持っているので、教材としては遊戯、競技、物語、絵画、会話、編物、料理、劇、手工作業などがふさわしいとしています。

第二期は八歳〜一二歳の段階で、以前よりもいっそう持続的で客観的な自覚が増すので、単なる歴史的知識ではなく、人間の生活の歩みとしてアメリカの歴史を学ぶべきというのです。その中で、生活様式、環境、生産の道具、衣服、食料などの具体的資料集めから、地勢、河川、山脈などの地理的方面へ進んだり、漂白、染色、石鹸製造、料理、芸術など実験的分野へ手を伸ばすこともできます。

言葉を使って行う教育は重要ですが、多量の書物を排除し、仕事、発表、会話を通して教育を行い、子供に動機を与え奴隷的従属を強いずに、子供の社会的・自然的接触を大切にする創造する力につったえる必要があると述べられています。

第三期は中等教育と境界を接している時期で、各種の経験にとって適切な思考、探求、活動の道具に習熟し、特殊な研究や技術を学ぶことができる頃です。

デューイはここで、フレーベルと自分の方法との違いを明らかにしています。

フレーベルの生きたプロイセン王国は、社会的、政治的状態が、拘束的、権力的なものであったため、幼稚園の自由な協同的社会生活を、外部の社会生活と結びつけることができませんでした。そのため、彼の心理学は非現実的、観念的なものになり、たとえば紙に書かれた幾何学的図形を食器にみたてて、ままごとをやらせるというような象徴的・非現実的なものでした。なので子供にはそれを理解することができなかったのです。

これに対して、デューイは教材を現実的で直接的な生活を再現しやすく、かつ、創造的な可能性を与えるようなものを使いました。そして、子供の本能的・衝動的活動を大切にし、生産と創造的な仕事を通じて大人の営為を学ばせることによって、協同的、相互扶助的な生活の仕方と意識を養うのです。

●仕事の心理

人類は生活するために働かねばならなかった。生存するためには、自然を支配し、発明し、計画し、技能を獲得しなければならなかった。人間が営むすべての仕事は、世界に対する人間の基本的諸関係から始まり、より高次の精神的なものへと歴史的に発展していった社会的なものであるという。そうした仕事の意味を子供たちに教えるにはどうするか。それが教育の持つ一つの使命である。(『学校と社会』143〜144頁)

デューイの学校では、工作、料理、裁縫などを行う過程に含まれる精神的、道徳的な成長を大切にしながら、それらの作業が単なる慣習となって思考が失われることがないように教育がされます。またそれを興味本位とならぬよう発展的に展開しなければならないと注意しています。

デューイの教育思想は、ルソーの自然教育・社会教育、コンドルセの自律的個人の育成、オーエンの教育による社会改革という思想を受け継ぎ、心理学という方法で教育に具体性を与え、アメリカ社会に浸透していきました。そして日本にも教育使節団によって戦後その思想が移入されました。また、同時代人であるクループスカヤの総合技術学校教育の構想にも多大な影響を与えています。

しかし、デューイの理論は、「永久の繁栄」を謳歌していた時代にはうまくいっていましたが、一九二九年に世界恐慌が起きるやいなや破綻します。学校は子供を守るため、社会から扉を閉ざさねばならなくなったのです。デューイは言います。

人間の性向を形作る教育は、四六時中その中に織り込まれている社会そのものによって行われている。だから社会そのものが教育的にならない限り、学校がいかに教育的に活動してもだめである。社会それ自体が一つの教育機関となり、一言で言えば社会それ自体が金銭的な利得のための競争的な努力の場であることをやめて、協同的に、したがって教育的になりうる社会をめざさねばならない。

デューイの言葉は一〇〇%正しいのですが、結局、それを実現することはできませんでした。

クループスカヤの教育思想

着物を着るという欲望が人間に強要する限り、人間は、ある男が裁縫職人となる以前に、幾千年の長きにわたって裁縫した。しかしながら、上衣、亜麻布等、自然に存在しない素材的富のあらゆる要素が現存するようになったことは、特別な人間的要求に特別な自然素材を同化させる特殊的な目的にそった生産活動によって、常に媒介されなければならなかった。したがって、使用価値の形成者として、すなわち有用なる労働としては、労働は、すべての社会形態から独立した人間の存立条件であって、人間と自然との間の物質代謝を、したがって、人間の生活を媒介するための永久的自然必然性である。(『資本論（一）』80〜81頁)

労働は、人間が存在する上でなくてはならないものです。衣・食・住のすべてを生み出す人間活動であり、人類が発生して以来、一時たりとも欠かすことができない生産活動です。それはどんな社会にも共通した人間の存立条件だと、マルクスはいいます。ここから、労働はすべての人間にとって、義務であるという現実が生まれます。

労働はまた同時に、時代の規定する社会形態によって組織されています。したがって、労働を学ぶことによって、人間と人間との関係、社会的諸関係を知ることができるのです。そして労働は人間の教育の在り方と深く結びついていることも理解できるようになりました。労働と教育の結合という理念はそこから生まれたのです。

●クループスカヤのルソー論

クループスカヤの『国民教育と民主主義』という書籍は、労働と教育の結合というテーマを軸として、産業革命と近代資本主義社会が生み出した国民を、どう教育するのが良いかを問うて、ロシア革命前の一九一五年に流刑地のシベリアで書かれた本です。

最初にクループスカヤが取り上げるのは、ジャン・ジャック・ルソーです。ルソーの労働と教育の結合という点について、彼女が特に述べている点をあげてみたいと思います。

> 児童労働の目的はルソーにとっては、その労働の結果にあるのではなくて、児童にとっての教育的意義にあった。機械的な労働が必要なのではなくて、一定の目的に向けられた労働、思考作用を呼び起こす労働が必要であった。ルソーの生徒が何か手職をおぼえなくてはならぬ、とルソーは考えているが、その重要な意義を、職業教育ではなくて、総合技術教育においているのであり、何か一つの専門のために準備するのではなくて、労働一般にである。（クループスカヤ『国民教育と民主主義』岩波文庫、29～30頁）

ルソーの規模は、全く違うのだ。彼は肉体労働を社会的義務として、自由な、独立した人間になる手段として、広い知的見解と社会的諸関係の正確な理解をうる手段として語っている。（同34頁）

したがって、ルソーが言うところの労働による教育は、単なる職業教育ではなく、労働全般を教えることによって、産業や社会、経済や政治など社会的諸関係から、科学技術に至るまでを総合的に教育するということを意味しているというのです。ルソーの思想は、クループスカヤの時代でもその意義を失っていないと彼女はいいます。

本書第四章の冒頭では、宗教からの分離・独立が近代教育の条件だということをあげました。そうした観点からすると、ペスタロッチとフェルレンベルグの思想は、宗教から分離独立していると言えなかったため、割愛しています。しかし、クループスカヤがこの二人を、「労働と教育の結合」という観点から取り上げているので、彼女の叙述の範囲内で紹介します。

●スイスの教育者ペスタロッチ

ペスタロッチ（一七四六年～一八二七年）は「生活が教育する」と述べています。教育は実生活と密接に結合し、肉体的、精神的な力を発達させる手段を生活の中から汲み取るものだというのです。

ペスタロッチの時代のスイスは、資本主義経済が浸透し始め、古い封建的制度が解体して、農民は、大農、中農、貧農へと分解していました。その貧農の子供たちの救済を目的に、教育実践に立ち上がったのが、ペスタロッチでした。当時の貧農の子供たちは、家計の足しにするための賃仕事をするのが一般的となっていました。

ペスタロッチは、この賃仕事を、生産的労働として取り上げます。しかし、子供の賃仕事は、労働力の搾取の手段となっており、子供たちには過酷なものでした。この点を後に彼は反省して、教育事業としての労働を、市場の諸条件に依存させてはならないとしました。そして子供の生産労働を自家消費の製品の製造に限定しようとします。その結果、子供の生産労働は社会と切り離された経済活動となってしまい、彼の理念である実生活から遊離するとともに、学校の経営は赤字となって破綻してしまったのでした。

教育によって貧しい民衆を救おうとした試みは、オーエンと共通しているのですが、オーエンは資本主義社会の中で実務家として鍛え上げられた経営者であり、一方ペスタロッチは、クループスカヤの言うところによると、一九世紀半ば以降、ロシアで農民の啓蒙活動に従事したナロードニキの精神を持った博愛的青年でした。その違いが、彼らの影響力の差となっていったように思われます。同時に、オーエンの生きたイギリスは、資本主義経済が相当な程度にまで発展した工業社会であったのに対して、ペスタロッチのスイスは未だ資本主義的農業経営を取り入れ始めた社会を基盤にしていた点が、大きな違いになったと考えられます。

クループスカヤは、民衆の貧困の原因がどこにあるか、どうしたらそれを無くすことができるかという問題を、ペスタロッチに求めるべきではないと言っています。なぜなら、彼にはその力が未だなかったからだといいます。しかし、民主的な思想の歴史を知りたいと思う者にとって、ペスタロッチの試みと失敗は、大切な教訓を我々に与えるともいいます。

●クループスカヤが論じる各種教育思想

クループスカヤは、ペスタロッチの次にフェルレンベルグをあげます。フェルレンベルグは、ペスタロッチとほぼ同時代のスイスにあらわれた教育実践家でした。

クループスカヤが、ここでフェルレンベルグを取り上げているのは、彼が教育の中に労働を取り入れていたという理由によるのですが、民主的な教育という観点からするなら、むしろ、彼の学校は反動的であったとさえいえるのです。彼は、ペスタロッチとは違って、広大な農場を経営していたスイスの大貴族でした。そして彼の教育の目的とするところは、大土地所有にささえられ、階級的に区分された国家の復興だったのです。そのための方法として建てられたのが、キリスト教精神に基づいた、上層階級（貴族、富者の子息）・中間農民・貧農の三つの種類に分割された階級別学校でした。

スイスの学校史家であったフィンツィケルはフェルレンベルグの学校を次のように分類しています。

a　下層社会の子供、貧乏人、無産者の子供のためには、技術と農業を結合した工業学校、または貧乏人の学校が必要である。

b　国民の中核、中堅層のためには、その要求に応ずる実科学校をつくる必要がある。

c　金持ち、高貴な人の子息のためには、知的発達ばかりでなく、精神的に向上し、広範な政治的教育と結合した宗教的な道徳的な発達を目的とする特殊な学校が創られなくてはならぬ。これら純教育的学校の共通な紐帯は、合理的な農業でなければならない。（同57〜58頁）

当時のスイスでは、機械を駆使し改良された生産方式を採用した資本主義的経営の大農場の中で、貧農の子供たちだけが、朝六時から晩の八時まで働かされ、二一歳になるまで労働力として酷使されていたのでした。

このような状況下では必然的に、暴動が発生します。そして貧農の子供たちは、〝学校共和国〟（一七六一年にはマルチン・プランタが自分の中学校ですでに学校共和国を作っていた）を創りました。自分たちの発意で、事業の経営管理を担当し、仕事の分担を行い、相互に統制しあい、同僚間で裁判を行ったのです。

フェルレンベルグは、このような「共和国」は好みませんでしたが、彼の学校の繁栄のためには必要であることを理解し、この新しいやり方に反対しないばかりか、それを支持さえしたということです。

さて次にクループスカヤは、ロバート・オーエンを取り上げています。彼女の著書の中で、オーエンの試みの源になったジョン・ベラーズについて触れています。

社会改良主義者として知られるジョン・ベラーズ（一六五四～一七二五）は、イギリス市民革命当時に活動していたクエーカー教徒の大土地所有者でした。彼の著書は、ルソーが登場する七〇年程前に著わされており、イギリスの哲学者、フランシス・ベーコンの流れを汲む実学的な思想にルーツをもっています。

ベラーズの工業学校は三〇人を予定し、工業と知識の学園となり、農業の授業と陶業労働とを結合し、婦人労働と児童の労働の合理的な使用に将来性を与えるはずであった。（同73頁）

ベラーズは語ります。

私は、しばしばこの国の貧民の惨めさについて考え、そして同時に、彼らは国の宝であると思いました。なぜなら、貧民の労働は富者の鉱山であり、しかもスペインが支配する全鉱山以上のものだからです。そしてどうして貧民がこのように重荷になり、惨めになったか、どうすればそれを防げるかについていろいろ考えが浮かびました。そして私は、足を折った人をいつまでも背負っているよりも、その人が自分で歩けるように足を治してやる方が、本当の恵みであるように、貧民も働かないままで養ってやるよりは、正直な労働によって生活ができるようにしてやるほうが、はるかに恵み深いと考えるのです。（ベラーズ『産業カレッジを設立する提案』）

彼の思想のすべては、ここに語られていますが、その実現の方法が具体的で実際的です。まず、三百人規模のカレッジ（一種の生産共同体ですが、外面的な集合といっています）を運営するのに、一八〇〇ポンドが必要になると計算して、それを金持ちから出資させます。そしてカレッジからあがる余剰を利潤として、出資者に配当するのです。これは今日の株式制度の原型ともいえるもので、「慈善のために100ポンド集めるよりも、利益のために1000ポンド集めるほうがやさしい」のです。そしてカレッジの教育について、ベラーズは「労働は生命の火に油を加えるものであるが、思索はそれを燃やしてしまう」と述べ、カレッジ教育の長所を六つあげています。

①あらゆる年齢、能力の人が用いるあらゆる種類の仕事と道具がある。
②あらゆる国から職人が来ていて、あらゆる言葉を学ぶことができる。
③人々が規則や法律に従っているのをみて、子供も大人に従うようになる。
④家庭にいる時よりも、愚行を阻止しやすい。
⑤人間でも動物でも仲間をもつことはすべての生き物の喜びである。
⑥カレッジは、あらゆる有意義な職業をそこに集めた世界の縮図である。

オーエンは『産業カレッジを設立する提案』を読み、彼の活動の源泉としていたのでした。

●生産労働と教育の結合を！

クループスカヤは、オーエンに続いて、コンドルセの教育思想について取り上げています。しかし彼の思想はすでに説明しましたので割愛し、ここでは彼女が述べている、ルペルティエとブーキエ案、ラヴォアジェとガザンフラツ案について取り上げたいと思います。

『フランス革命期の公教育論』で登場したモンターニュ派のルペルティエは、「すべての子供は五才～男子十二才、女子十一才まで、区別も例外もなく、共和国の費用で共通に教育し、平等という神聖な原則によって、同じ服装、同じ食事、同じ教育、同じ配慮をうけるよう指示を出すべきである」（『国民教育と民主主義』79頁）と主張しています。

これは世界で初めて提案された無償教育です。教育は親の経済力によって、差別されてはならないということです。当時から二二〇年が経っても、何と切実な響きを持って伝わってくることでしょう。次に、イデオロギーを第一に主張するブーキエはこんなことを言っています。

国家に依存する教師のいる国立の学校は、つくる必要がない。当局から共和国にとって好ましいと承認されたものは、誰でも教えることが許される。しかし教員適性については何の証明もいらない。より良い教員は、多数の生徒を集めることができる。国家は各生徒の頭割りに応じて支払いすればよい。(同80頁)

この法案は自由競争の原則に安座するものでした。現在アメリカ合衆国で行われている点数制のルーツといってよいでしょう。また現代日本の予備校も多数の生徒を集めるとき栄えることができるという点で同じものだと考えます。その結果、教育が計算づくのものとなっているのではないでしょうか。その他に、科学者として有名なラヴォアジェと化学者として知られるガザンフランツは、労働による教育を、工業、社会科学と関連させて行うべきであると提案しています。これは議会外で労働者階級の支持を集めたということです。

次にクループスカヤは、「国民教育における生産労働の役割に対する労働階級の見解」として、次のようなマルクス、エンゲルスの考えを引用しています。

剰余価値生産のために、未成年者を単純な機械にしてしまうことによって、人工的になされる知力の野蛮性は、知力発達の適性を荒廃せず知力を啓発しない状態のままにしておく生来の無知や生来の創造力とは、まるで相違するものであって、ついにイギリス議会さえも、初等教育を工場法の適用を受ける全産業における一四才以下の子供を『生産事業』に使用するための必須条件としてうたわなくてはならなくした。（『国民教育と民主主義』90頁）

マルクス、エンゲルスは、資本主義生産によって搾取され、荒廃する青少年を保護せざるを得ないところまで追い込まれたイギリス社会の状態をこう描いていると、クループスカヤは紹介しています。同時に、クループスカヤは資本論を引用し「資本主義的制度による家族制度の破壊がいかに恐るべきものであり、いかにいまわしいものであるにせよ、それにもかかわらず、大規模工業は、婦人、男女両性の少年児童に対して、家庭外の、社会的に組織された生産過程において負わせている決定的な役割によって、より高い家庭形態のために、より高い男女両性間のために、新しい経済的基盤を作っている」（『国民教育と民主主義』92頁）と、婦人や青少年が、社会的生産に参加していく事実の中に、教育や家族、社会のより高次の発展の可能性を指摘しているのです。

いうまでもなく近代工業は、絶えず生産機構における分業を変革して、一つの生産部門から他の生産部門へと労働者を移動させます。そのため、どんな機械でも操作することができ、作業のすべての過程を理解することができる、全面的に発達した労働者を必要としています。また、クループスカヤは生産労働と教育を結合して、総合的な技術を持った労働者を育成することと、労働の分業を無くして、労働の疎外を克服することは、密接に結びついて実現するだろうと述べています。そして、理想的な社会制度では、すべての子供は九歳から生産労働に参加しなければならない、なぜなら人は食うためには頭ばかりでなく両手を動かして労働しなければならないからだというのです。

最後に、クループスカヤはその後の記述で、教育がたどった足跡を述べ、今後の教育が進むべき道を示しています。

とくに一八世紀から一九世紀初頭にいたる間は、労働と教育ということが、多くの国々の、多くの教育者によって考えられ試されたのです。しかしその後は詰め込み教育がそれに取って代わりました。その理由についてクループスカヤは、一九世紀の資本主義工業技術が、全工程を理解し、創意ある自主的な労働者を必要とせず、大人しいよく仕事をする学力のない、ただ正確さ、我慢強さ、忍耐力を持った真面目に仕事をする歯車を必要としたからだと言います。

二〇世紀初頭になって、技術が進歩した結果、先端技術を身につけた労働者を必要とするようになり、高い水準の科学技術を生み出しました。特にアメリカ合衆国では顕著にそれが顕れており、生産の全系列を学ぶ高等技芸学校や、大工場が運営し、物理、電気、機械、数学などを教える工場学校、さらに企業体と技術学校が協定を結んで創る組合学校制度など、様々な教育形態が創出されているのです。

しかし、クループスカヤはアメリカについて後にこうも述べています。

アメリカの学校は理想からは遠い。アメリカが高度に発達した資本主義国であり、そこでは内部矛盾が限度に達し、階級の反目は極めて鋭く、時に激しく対立があらわれる。すべてこれらのことは、はっきりと学校にも反映しないわけにはいかない。（クループスカヤ『国民教育論』明治図書、また、詰め込み教育が必然的に労働学校に変わっていく可能性について、ドイツの社会主義者、アウグスト・ベーベル(一八四〇年~一九一三年)の運動や、ジョン・デューイの研究を例に述べています。

さて、クループスカヤが『国民教育と民主主義』を発行してから、はや八六年の歳月が流れていますが、しかし依然として我々の社会は詰め込み教育が全盛を誇っています。それはこの社会が、いまだ機械の歯車としての労働者を求めていることを証明しているのです。

●クループスカヤの主な論文

クループスカヤの著述活動は、ロシア革命前(一八九九年~一九一七年)、革命期(一九一七年~一九一九年)、革命後(一九二〇年~一九三九年)に大別され、整理してみると主な論文は次のようになります。

①革命前
婦人問題(一八九九)/男の子に「女の仕事」を教えるべきか?(一九〇九~一九一〇)
青少年と学校(一九一一~一九一二)/外国へ行ってきたロシア人教師(一九一四)
国民教育と民主主義(一九一五)
②革命期
教員組合と国際主義者教員の組合/社会主義・共産主義教育(一九一八)

教師の問題（一九一八）／社会主義学校に関する問題／社会主義教育の理想

③革命後

総合技術教育（一九二九〜一九三〇）／国民教育制度の社会主義的基盤

青少年の共産主義教育／思い出（一九三〇〜一九三一）

クループスカヤの全生涯は、夫レーニンとともにロシア革命に捧げられましたが、特に彼女は、ロシア国民の大多数が文盲であった状態の中で、社会主義社会の国民教育がどのようにあるべきかを考え、その教育に力を注ぎました。彼女の業績は、社会主義社会における国民教育のあるべき姿を描いた点で偉大な功績があります。

『国民教育と民主主義』を除き、革命前に書かれた著述を紹介します。

Ⅰ婦人問題

この論文は、レーニンとともにシベリアのシュシェンスコエ村に流刑されていた時に書かれました。ロシアの農民は、悲惨な状態に置かれていました。しかし農村婦人は男子農民よりももっと酷い状態でした。それは農奴制の因習をひきずった封建的関係が生み出したものなのでした。

ロシアの労働者も悲惨な環境の中にありました。しかし婦人労働者は、農村の婦人と比べてより良いのです。婦人は経済的に独立することで、男子と対等になることができます。しかし、資本主義社会では、婦人労働力は労賃を安く抑えるための手段として使われています。したがって、本当に男女平等を実現するためには、婦人も労働運動に加わり、資本主義社会を変革し、社会主義社会を建設することが必要なのだというのがこの論文の大意です。男女の差だけに目が向きがちでは、本当の男女差別の原因がわからなくなります。そんな私たちに何をなすべきかを教えてくれる論文です。

Ⅱ男の子に「女の仕事」を教えるべきか?

この論文も男女差別の問題であり、共学の問題でもあります。クループスカヤは、男女の問題を絶えず社会制度との関係で考えています。

資本主義社会の家庭生活は、独立した家事や関連する一連のこまごまとした世話がまとわりついています。これは将来、社会主義への移行によって共同の食堂、共同の住宅が築かれれば変わっていくことになりますが、当面の間変わらないとすれば、当然男子も女子といっしょに家事を担わなければなりません。女は家事をするように生まれついているというのは、奴隷は奴隷になるように生まれついているというのと同じ妄言です。男が稼ぐために家を外にしなくてはならない限りにおいて、女が家事をしているのですが、女も外で働くようになれば、男も家事を分担するのは当たり前なのです。家事ができない男子は、実生活ではやっていけない頼りないものになるといいます。

フェミニズムの誤謬は、男女の問題について資本主義社会を前提として捉え、社会制度との関連で考えようとしない点にあります。木を見て森を見ないということではないでしょうか。

フランスの空想的社会主義者であったフーリエは、「ある一つの社会における婦人解放の程度は、その社会の一般的解放の自然的尺度である」といっています。つまり女性の解放は、社会の解放とともに実現するというのです。女性解放運動に尽力した平塚雷鳥は「元始、女性は太陽であった」といいました。古代の狩猟生活では、経済を支えていたのは女性であったから、母系社会となりました。遊牧生活が始まると、家畜を動かす筋力を備えた男子が、経済を支配するようになったのです。そして農耕生活に入るとともに家父長制社会へと移行していきました。地域的個別性に差はあるものの、これが人類の歩んできたおおよその道程でした。

しかし産業革命によって導入が進んだ機械は、男女の筋力の差を意味のないものとし、労働は男女を平等なものとしました。クループスカヤはここに社会の進歩と女性解放の可能性を発見しています。しかし資本主義経済は、利潤追求のために労働力の価値を最低限に値切る必要があり、女性の労働力を安く買いたたくことによって全体の費用を抑制しようとします。したがって本当の女性の解放は、資本主義社会の変革によってもたらされるといえましょう。

Ⅲ青少年と学校

この論文は革命前にロシアに存在した学校の実態を描くことから始まり、ヨーロッパとアメリカで行われていた先進的な教育の分析を通して、将来のあるべき学校を考えるための出発点としたものです。

生徒間の自殺と自由労働学校（明治図書『国民教育論』クループスカヤ）

革命前のロシアでは、生徒の自殺者が増加しました。その原因は、社会環境と情勢の影響があるのですが、学校が社会の悪い影響と闘わないばかりか、その傾向を増加させているからだと説明されます。学校は人為的に生徒を人々から切り離しています。私が過去に在籍していた高校でも、学校開放の掛け声とは裏腹に、校門を閉じ、見張りを置き、服装のチェックをするなど、生徒たちは社会から切り離されており、生徒たち自身も互いに名前だけ知っていて精神的には全くの他人でした。クループスカヤの頃もこうした風潮がはびこっていたのでしょう。それが生徒の自殺の原因だというのです。クループスカヤはこうした学校に対置して、自由労働学校を提案します。

その設立条件は以下のとおりです。

一、労働を搾取するために教育をやってはいけない。
二、子供の興味を引く教育でなければならない。
三、修得した技能と知識の適用であり、肉体的、知的でなければならない。
四、自分の労働の有用性を認識させなければならない。
五、学校外でも教育を行わなければならない。

といって労働学校のイメージを与えてくれるのです。

男女共学

この問題については次のように言っています。

今日まで男女間の正常な関係ができる不可欠な条件は、彼らの精神的な接近、相互理解、同等な発達水準であることは疑いのないことであり、また受け取る印象が同等であること、恒常的な共同作業、同等な発達条件が青年男女間の精神的な接近を促進できることは明らかであるから、この出された問題に対する当然の答えは、共学は極めて望ましいということである。(『国民教育論』56頁)

ロシアの従来の教育観では、女性は家庭と社会(ロシア帝国時代の社会)が教育するものだというのが一般的な考え方でした。ですが、クループスカヤはこれに対し、教育的影響は、そのように区分できるものではなく、子供や青年のあらゆる形成される性格の上に教育的影響をあたえるのであって、学校が両性の関係のような重要な問題に関して不在であることはできないというのです。

また性教育の観点から共学を考えてみても悪い結果は出ていないということを、アメリカ合衆国の例をとりながら述べています。

「母親への忠告」

資本主義社会の教育は、資本家の利益を追求するために行われています。鉱業家は生産力を高めるための職業教育を、植民地を持つ国は行政官を育てるための学校を作っています。このように、ヨーロッパの学校は官僚的で上からの単なる指令を遂行する人間を教育する場所となっているのです。

私たち日本の学校もそのような傾向を最近ますます強くしているようです。つまり、狭い専門的な知識を身につけたサラリーマンを育てる教育を最善のものとして、「勉強しなさい」と言うだけで、ますます子供を追い詰めていきます。それは精神的虐待ともなります。

学校裁判の問題

ヨーロッパで自由教育が行われ始めた頃、生徒たちによる学校裁判が取り入れられた時期がありました。これについてクループスカヤは、子供たちは十分な客観性を示すのに、あまりにも生活や人間を知らないので、正しい判断を下せず、結果として、裁かれる子供に報復の感情を生み出すことになるとして、学校裁判に反対しています。

学校自治について

一八九七年、ニューヨークで初めて生徒たちによる公的な学校自治が行われました。学校に市の自治組織と同様の制度が導入され、市長、議員、裁判官、警察署長を生徒が選び、「他の人からしてもらいたいように、他の人にしてやれ」という鉄則にのっとって基本的校則が決められました。アメリカではこれが奏功し、民主主義的自治を教える方法として今も行われています。

クループスカヤは子供に創意を発達させるために、学校自治は大きな価値を持っているとし、将来はある生徒が他の生徒に追いつくのを援助すること、学校の雑誌の発行、お互いの間でよりよく作業を配分するといった問題などを討議するようになるだろうと述べています。

学校組織の二つの型

ロシア革命の時代の学校には、中央集権的なヨーロッパ型と地方自治的なアメリカ型の二種類の学校がありました。彼女はアメリカ型のほうがより民主的であるとし、学校組織を研究しています。アメリカでは中央の政府機関が教育行政を運営するのではなく、親たちの中から選挙によって選ばれた教育委員が、教員を選び、学校を運営するのです。わが国でも戦後、教育使節団がアメリカから派遣され、この制度が実施されて民主的な学校運営が行われた時代がありました。しかし、その後まもなくこの制度は吉田政権によって破壊され、戦前と同じように文部省が、中央集権的に教育を運営する制度に逆戻りしたのです。

革命期の論文を読む

「外国へ行ってきたロシア人教師」は、一九一四年に「教師と住民」、「教員組合と国際主義者教員の組合」は、一九一八年の革命期に書かれた論文です。いずれも教師の問題を取り扱っています。

ロシアでは革命前の専制政府が、教員の知的視野を広げるために、外国旅行を援助した時期がありました。教員は西欧の政治、経済、産業などを見学したかったのですが、「自由の空気」を吸わせることを恐れた政府は、教会や芸術を見るだけの観光旅行に変えてしまったのです。

また、ナロードニキの革命的教員が住民と結びつくことを恐れた専制政府は、あらゆる手段を使って教員を弾圧します。警察は教員を監視して、反政府的でないという証明書を交付した者しか教職を続けることができないようにしました。さらに視学官、神父、村の巡査も監視をし、一九〇六年には大規模な粛清と流刑が行われました。それにもかかわらずナロードニキの世界観は農村に浸透していったのです。しかし中学校の教員は支配階級に近い者しかなることができなかったため、一七年にロシア革命が勃発するや否や、彼らは敵対行動をとるようになったのです。

こうした事態に対し、クループスカヤは、教員は本質的に民衆に近いものであり、第一次世界大戦から帰った教員が真相を説明すれば、事態を理解していくだろうとして、次のように対処しました。


国際主義者教員をその他の全教員と対立させ、彼らに特別な特権を与えるようにしてはならない。このことは、国際主義者への不信を呼び起こし、彼らとその他の教師の間に疎遠を作り出して、教師の間に国際主義のイデーを宣伝することを難しくするだろう。もし国際主義者教員が、たとえば、彼らの教職課程を考慮せずに教師となるか、あるいは、国際主義者教員が他の教員の資格審査、政治的見解の評定者となったならば、それは大きな誤りであろう。これは国際主義者教員組織のモラル上の破産であるだろう。それは、国際主義教員の組合を、物的な利益のために、暖かいイスを探し回るあらゆる種類の無原則な手合いがうまく忍び込むグループにしてしまうであろう。この人々は、国際主義教員の権威を最後には内部から切り崩し、彼らのイデーを毀損し、彼らを堕落させるだろう。（「国民教育論」明治図書218〜219頁）

クループスカヤが偉大な指導者であったことを証明する一文です。

さて、現実はクループスカヤの望んだように進展したのでしょうか。否です。彼女は革命政府が独裁政治へ変質する懸念を感じていましたが、それはスターリン体制の進行とともに現実のものとなり、深刻化、ついにはソヴィエト連邦を崩壊させるに至るのです。

ではスターリン体制とは何であったのか。この問題を少々考えてみましょう。

これは、ソヴィエト連邦が社会主義国家であったということができるか、また同じく中華人民共和国も、社会主義を自称しているのに、どうして経済は資本主義なのか、を問う問題でもあるのです。

結論を先取りすれば、どちらも社会主義国家とはなりえませんでした。

ロシアは革命によって政治体制を覆しましたが、社会経済的には遅れた農業国家でした。それは明治維新の日本と同じ状況であったといえるでしょう。遅れた封建国家が、近代的産業国家へ変わるには、膨大な資本が必要になります。明治の日本も、ソヴィエト政権のロシアも産業を興す資本が民間に不足していました。そこで国家が資本を投じ、新しい技術を導入して、産業を振興したのです。

日本では官営の新工場と技術を民間に払い下げ、財閥を育成することによって、労働力を極限まで搾取して資本の原始的蓄積を遂行しました。

しかし、ロシアでは民間への払い下げは行われず、共産主義の国営生産システムとして政府官僚が、五カ年計画、七カ年計画の形で経済開発を行い、原始的蓄積を代行していきました。これは、社会主義建設の大儀のもとに労働力を搾取していた事実と変わりません。ソ連では民間資本としてではなく、国家資本として近代社会への転換を成し遂げたと言えます。一方、資本主義経済の生産過程は、たえず技術革新が起こり、生産力が高められていきますが、ソ連のようなゴスプラン（ソ連国家計画委員会）による官僚支配の経済体制では、急速に産業の活力が失われていったのでした。

中国では、ソ連と同じような停滞状態に陥った時、文化大革命（一九六六年～七六年）によって国民の意識を変え生産力を高めようとしましたが、毛沢東の死とともにその方針は破綻しました。そして鄧小平が権力を握ってから「改革開放」の名のもとに資本主義経済の道を公然と歩みだしたのでした。ソ連の経済体制は、一九二一年導入の新経済政策（NEP）で、一時〝資本主義の導入〟が図られましたが、結局、スターリン体制の確立と共に計画経済に移行し、ゴスプランによって管理されてきました。しかし国家資本主義体制として、資本の運動はそのままであったわけです。ソフォーズ（国営農場）、コルフォーズ（集団農場）などの生産様式の内部でも資本の運動があり、そのことが経済制度の段階を決定しました。ゴスプランの進行の裏では、農民から生産物を強制的に収奪し、多くの農民が餓死したのです（ホロドモール）。

それでは社会主義経済とはどんなものなのでしょうか。それは、商品生産を目的としない経済です。商品生産は労働力の搾取を前提にしており、その形式を克服した経済です。なぜなら商品形態そのものに労働力の搾取という要因が含まれているからです。

社会主義・共産主義教育

この著述は、四つの論文から成り立っており、「社会主義学校に関する問題」と「社会主義教育の理想」はロシア革命のさなかの一九一八年に書かれ、「国民教育制度の社会主義的基盤」と「青少年の共産主義教育」の二つは、比較的ソヴィエト社会の基盤が整った一九三〇年に書かれました。

未だ第一次大戦の戦火がおさまらない一九一八年に書かれた前記二つの論文は、社会基盤の一つである教育制度をどのような方向へ導いていくべきかを示したものとして重要です。

一、社会主義学校に関する問題

ここでクループスカヤは、少々定型的な感じはしますが、ブルジョア国家の教育制度を階級的観点から「ブルジョア国家では、学校は人民大衆を精神的に奴隷化する道具として使われている」と述べ、「ブルジョア学校では、ブルジョアの世界観を植え付けるために、歴史、倫理、哲学を教える。（中略）プチブルジョアの学校は、官僚の卵を育て、ブルジョアに奉仕する官吏を作り上げる。プロレタリアの子弟に向けられた学校では、ブルジョアのイデオロギーを教え、階級意識を鈍らせて容易に統治できる家畜の群れを作る。（中略）これに対してソ連では、学習と生産活動を結びつけた学校を作ることによって、階級的性格を打破するのだ」（「国民教育論」115～119頁）と分析しています。

幼児教育の段階では、フレーベルを引用し、言語や芸術による教育の必要も説いています。創造的な生産活動を通して、協同組合の一員であることを教え、子供の社会的本能を目覚めさせるのです。

さて、ここで考えるべきは、子供の個性の伸長と、社会的構成員として役割を果たすことが、対立するのではないかという問題です。社会の規律を絶対と考えると、全体主義になってしまい、個人（個性）を絶対視すると、社会は成り立ちません。この論文には、人間社会が常にもっている大きな問題が取り上げられています。クループスカヤは個人と社会の対立を調和的に書いていますが、どのような社会であれ、この問題は私たちに問われています。

二、社会主義教育の理想

ここではまず、「教育することは、あるタイプの人間を受け取る目的で若い世代に計画的に働きかけることである」（「国民教育論」126頁）と述べ、イデオロギー教育の必要性を説いています。革命の真只中にあった当時としては自然な主張であったと思うのですが、それは政治教育といえるでしょう。

総合技術教育を語りながらも「学校の目的は、生徒に社会的本能を教育し、学校生活のあり方を、私有制の本能がなくなるようにすることである」（132頁）とまで述べています。果たして私有制は本能であるのか、またそれを教育によって無くすことはできるのかが大きな問題として残されています。

三、国民教育制度の社会主義的基盤

この論文は、革命後一二年を経て書かれたものであり、ここでのテーマは、いかにして遅れたロシアに総合技術教育を根付かせるかというものです。そして総合技術教育の具体的な内容と方法が明らかにされています。

総合技術教育は、企業や社会的に有用な活動と結びついていなければならないとして、次を挙げます。

学校の計画は、地区の計画に結び付けて作られること。

労働者やコルホーズ員の労働経験を学校へ伝達して教育をする。

子供自然科学者とピオネール（共産主義少年団）の組織と連携して社会的経済活動と結びついた生産労働を行う（140頁）。

労働人民委員部は、教育人民委員部と連携して労働教育を推進する。

このようにしてクループスカヤは、革命後一二年を経ても高い文盲率を示していたロシアで、文盲の撲滅に取り組む運動を提案しながら、総合技術教育のイメージを与えていったのです。ロシアでは、農村では農民青年学校が大きな役割を果たしており、都市における初等教育のほうがむしろ遅れていました。この都市と農村の格差の解消のために、都市と農村の結びつき方や住居のあり方など、いわゆる総合的都市開発計画も考えていました。

四、青少年の共産主義教育

共産主義教育の中心は、労働の組織にあります。なぜなら工場労働の大生産の条件そのものが、労働者に集団主義を教育するというのです。

「集団主義的に教育された人間は、内的な意識ある規律をもち、社会関係でも規律ある人であり、彼は違ったやり方であらゆる社会問題に接する」(166頁)と述べて、共産主義教育の一つの特徴として集団主義を肯定しているのです。

ここで考えなくてはならないことは、クループスカヤが、ア・プリオリに、集団主義教育は内的規律ある意識を個人に与えるとしている点です。彼女の言う内的規律は、果たしてコンドルセの主張した「一人一人の自律的判断によって下される規律」を意味しているのでしょうか。この点がまさに大切な問題です。民主と衆愚、集団主義と全体主義、との分かれ目ではないでしょうか。しかしクループスカヤはこの分かれ目について、何も語っていません。

革命後の教育

「総合技術教育」は、一九二九年から一九三〇年にかけて書かれた論文です。前章でも触れましたが、この時期はロシアが五カ年計画により工業化を果した時代で、それに合わせて総合技術教育が叫ばれました。

レーニンは生前、全ロシアを電気の国にしようと呼びかけ、七つのスローガンを提出しました。

①一万〜一万五〇〇〇の全郷に、一年間で電燈を供給する。
②五〇万〜一〇〇万の全村に、二年間で電燈を。
③農村図書館と各ソヴィエトに二燈を。
④電柱は直ちに準備する。
⑤硝子を直ちに自力で準備する。
⑥電線の銅は、自力で郡、郷で集める（鐘その他の供出を巧妙に暗示）。
⑦電気の教育をする。

これらを見ると、当時のロシアは明治時代の日本と同じ状況と言えるでしょう。

その後、ゴスプラン（国家計画委員会）が制定した五ヵ年計画、七ヵ年計画を推進していくために、労働者に技術教育を施そうとしたのが総合技術教育です。その具体的内容が、一九二九年の国家学者会議第一回開期における報告のテーゼの中に、クループスカヤによって書かれています。わかりやすいので、少々長いですが引用してみることにします。

一、わが国は現在まで工業の点で最も立ち遅れた国の一つである。現在わが国は、工業化の道をたどっており、全国民経済の再建が行われている。

二、ロシアは、大規模工業の道を進んでいるが、それには絶えざる技術革新が必要である。それを大衆自身が実行できるようにするために、総合技術教育が必要である。

三、全国民経済の再建は、大衆に技術への興味を自覚させている。そのことは総合技術学校の実施に前提を与えている。

四、子供の家から始まるわが国の施設は、生徒たちを現代技術の空想によってひきつけなくてはならない。

五、現代技術を教育するために、発電所、鉄道、工場、トラクター、ミシンなどすべてを利用しなくてはならない。

六、総合技術教育とは、一分野の技術的研究ではなく、体系的な技術の教育のことである。生物界、材料のテクノロジー、生産用具とその機構、動力の研究などを体系的に教育することである。また経済の地理的関係や労働の社会的、歴史的関係を教えることも含まれる。

七、総合技術教育は、物理や化学といった個々の教科目とは違い、それらの教科の結合であり、労働の授業との結合である。

八、総合技術教育は、観察する能力を養い、実験、労働実習によってその能力を確かなものにする。

九、総合技術学校は、全般的な労働の習熟と労働の組織と社会的意義を教える。

十、労働の習熟は、社会的に有用であることを子供に教える。

十一、図画、製図教室、実験室、実習農場を使って生産することで生徒を教育する。

十二、総合技術学校は、生徒の年齢に応じて各種の形をとる。

十三、職業学校は、労働の習熟を修得させるのに重点を置くが、総合技術教育は、理論と実践の結合、労働過程の理解、あらゆる現象の相互関係の理解に重点を置く。

十四、現在の大規模工業は、職業学校にも総合技術的な教育を要求している。

十五、総合技術学校は、全面的に発達した労働者を養成する。

十六、ソ連では年ごとに大規模工業が発達しており、学校もますます総合技術学校になっている。

（同180～184頁）

以上が、総合技術学校をわかりやすく説明したテーゼです。教育理念としての総合技術学校が実際に果たした役割は、ソ連の近代化に不可欠な国家資本を蓄積するための労働者教育であったといえます。スターリンの官僚的独裁政治によって、総合技術教育の理念は労働力の搾取を通じた資本の原始的蓄積のために利用されました。そしてその過程は、社会主義の建設という美名に隠されて進んでいったのです。

しかし、クループスカヤの提出した総合技術教育の理念は、世界的に資本主義経済が行き詰っている現在に、今後どのような社会を求めていったらよいかを考える際、特に教育について大きな指針となり得ることは確かなことだと思います。

（注2）イギリスでは囲い込み運動によって、資本主義的生産の諸条件に適しないものは徹底的に破壊され、資本主義的生産の諸条件が作り出されていきました。農業部門でも地主が農業資本家として登場するか、地主とは別に農業資本家が活動するようになるのです。リカードは農業部門で剰余価値が生み出される仕組みを差額地代論で最初に解明したのです。差額地代とは、豊度の高い農地を持つ農業から生じる超過利潤が、地代に転化されて土地所有者や資本家に支払われる剰余価値として現れます。農業では耕作地が限られているため、最劣等地で生産された農産物の価格が市場価格となるのです。豊度の高い土地で生産された農産物の生産費用は安く賄うことができるため、最劣等地の費用よりも安くなります。その差額分が差額地代となるのです。そうなると最劣等地の農業資本は、剰余価値を得ることができなくなるように思われますが、農業部門の資本の有機的構成は低く、すなわち設備投資や原材料費はやすく労働者に支払われる賃金部分が大半を占めるので、最劣等地でも労働者を搾れば剰余価値を得ることができるとマルクスは述べています。これを絶対地代と言います。こんにち、日本各地の農村では技能実習生が働いています。彼らは劣悪な環境の中、長時間労働を強いられて剰余価値を搾り取られています。一方、雇用者はこの絶対地代を手に入れているのです。

第五章　現代の危機

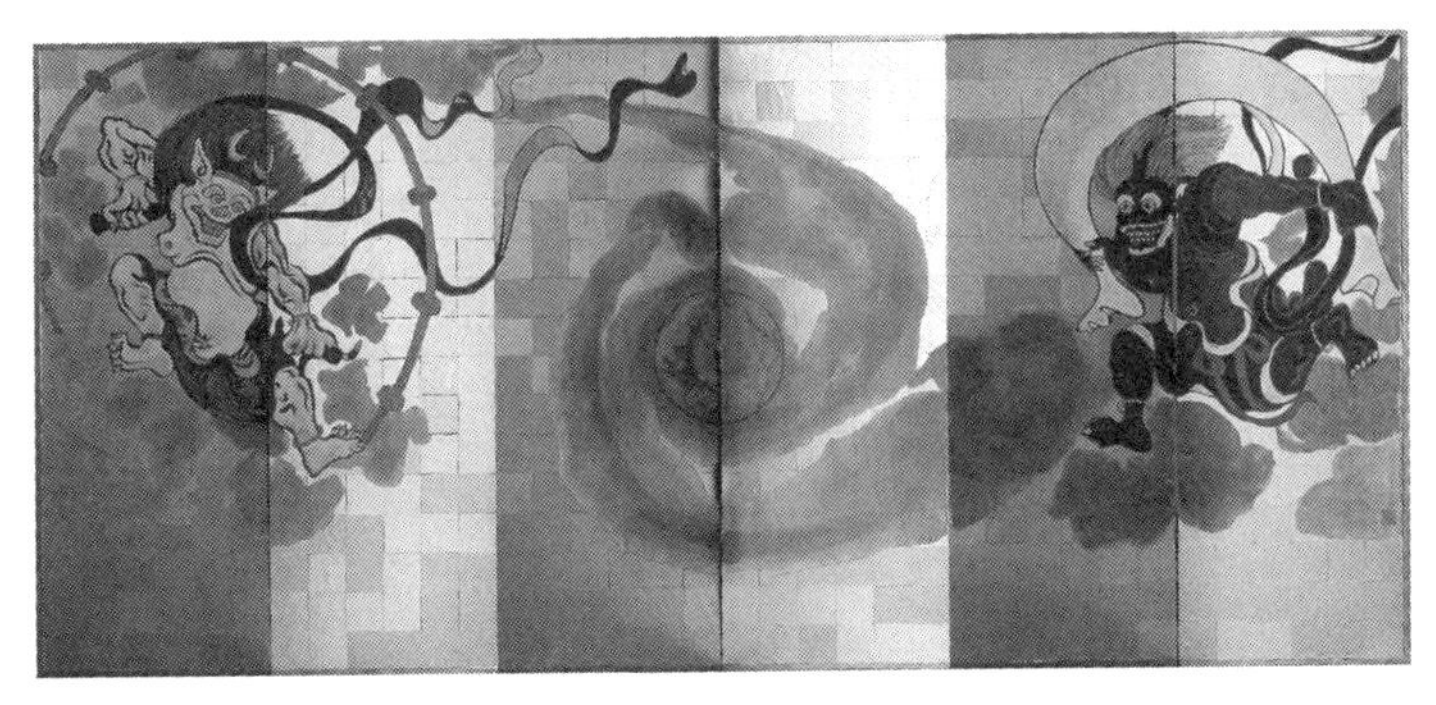

「気候変動」

ある日、勤務先の学校からの帰りに国道を歩いていたら、三〇代半ばの男性から「すいません、今一〇〇円がどうしても必要なのですが、無くて困っています。私の持っている品物と交換してくれませんか」と声をかけられました。一〇〇円を寄付すると、何度も丁寧に礼を言って去っていきました。

これは八年ほど前の出来事ですが、今世界中で仕事の無い若者があふれています。それは本人のせいではありません。資本主義経済が矛盾を募らせているからです。また新型コロナの流行によって、さらに多くの人々が職を失い、路上生活を強いられています。

私たちは、学校と社会との関係を念頭に置いて、学校のあるべき姿を模索してきました。そして到達した結論は、最終的には「良い社会が、良い学校をつくる」ということでした。もちろん、現在の社会におかれた学校においても、良い教育を実践する努力を怠ってはなりません。しかし、同時に、私たちは常により良い社会を目指しながら考える努力を惜しんではならないと思います。それが良い学校の実現へ繋がるからです。

そうした観点からみると、現在の私たちの社会はどうなっているのでしょう。

経済のグローバル化が叫ばれて以来、国内産業は生産拠点を海外に移し、産業が空洞化しました。さらに日本の労働人口の四割以上が非正規労働に入れ替わり、正規労働者と非正規労働者の二極化が進みました。非正規労働者の賃金は、自分一人の日々の生活を賄うので精一杯の水準で、家庭を持って子供を育てるには厳しいものです。本来、賃金とは、労働者とその家族を養うに足りるものでなければならないのです。しかしそうでないから、出生率が下がり続けているのではないでしょうか。そして労働力が足りないからと、賃金の安い技能実習生を酷使するという悪循環を作って恥じないのが、今の日本でしょう。

その一方で、大企業は労働力賃金の安い海外へ工場を移し、労働者を搾取し、最大限の利潤をあげています。物とサービスの輸出入を示す経常収支の日本の黒字は、過去一〇年以上世界の三位以内にあり、その儲けは社内留保としてため込まれている上に、企業法人税は安く優遇されています。

ここに社会の矛盾の全ての原因が潜んでいます。いじめ、引きこもり、うつ病や自殺の蔓延などの原因は、このひどい経済格差と激しい競争から生じているのです。労働運動は解体され、今や官製春闘などといって、政府が賃金アップを企業団体にお願いする始末です。

同時に大企業の頽廃があちこちで見られるようになっています。これは、三菱電機の製品検査の偽装、トヨタの不正車検、鉄鋼その他の企業の製品検査データの書き換え、さまざまな企業でのパワハラ、セクハラなどによる従業員の自殺者の増加などにはっきり表れています。

「失業者」

経済がグローバル化して社会が世界規模で変動している現在、世界的観点で社会を考えなくてはならない時代になりました。日本の抱えている問題は、世界のどの国とも共通しています。

今世界を覆っている資本主義経済は、中世の封建的経済の中から、生産力の発展によって自然必然的に生まれてきたものです。したがって資本主義経済もいずれ自然必然的に消滅し、新たな経済体制が生じる契機を持っているはずです。

こうした状況をはじめ、私たちは現在、地球温暖化、核戦争、それにパンデミックなど多くの巨大な危機を目のあたりにしています。これらはいずれも、資本主義の限界と自然必然的消滅が現実の形として現れていることを証明しているのではないでしょうか。以下、その危機の姿を見てみましょう。

地球温暖化

産業革命以来、人類の経済活動が、地球環境に与えた影響はあまりに大きいものです。石炭、石油、天然ガスなど化石燃量を大量に使用したため、大気中の二酸化炭素濃度が、産業革命時に二八〇ｐｐｍであったものが、二〇一六年には南極でさえ、ついに四〇〇ｐｐｍを超えてしまうまでに増大しました。二〇二〇年にはシベリアで気温が三八℃に達した日がありました。

永久凍土は融解して大量のメタンガスが放出され、温暖化はさらに進行しています。南極やグリーンランドの氷床は溶けており、温暖化を止められなければ、海面が上昇しウォーター・フロントといわれる世界中の大都市は水没して、人類の大移動が起こるでしょう。島嶼国の多くも水没してしまいます。また、アフガンやシリアのような地域で紛争が起きているのは、温暖化による干ばつによって農作物が収穫できなくなったことが原因であるといいます。

日本は二酸化炭素排出量が世界で五番目に多い国で、日本を含めた排出量上位五か国で世界全体の六〇％を占めているそうです（「日本エネルギー経済研究所」計量分析ユニットより）。気温上昇の不可逆的限界は、一・五℃だそうです。現在のCO_2排出量を年間四二ギガトン（一ギガは一〇億トン）とし、それが続くとすると、一・五℃以下に抑えるには二〇二八年が年限となるという研究もあります。

資本主義経済システムは、二酸化炭素の増大によって、その存在の限界を迎えています。

なぜなら、大量の二酸化炭素の排出無しに経済成長はできないからです。経済成長ができなければ、資本主義は滅びさるのです。

これまで二酸化炭素削減の方法が、様々な形で考えられてきましたが、その絶対的削減方法は、資本主義経済システムを止める以外にないことが明らかになりつつあります。二〇一八年ノーベル経済学賞を受賞したイェール大学のウィリアム・ノードハウスは、炭素税を導入することで経済成長と二酸化炭素削減は可能であると説きましたが、彼の試算では地球の平均気温は、二一〇〇年までになんと三・五℃も上がってしまいます。ちなみに、二〇一六年に発効したパリ協定は、二一〇〇年までに二℃未満に抑え込むことを目標としています。

また、再生可能エネルギー技術の開発とそれへの投資によって、経済成長と二酸化炭素削減は同時に可能であるとするクリーンエネルギーの理論は、太陽光パネルやリチウム電池を製造する際に発生する二酸化炭素の排出量を計算に入れていません。また炭素税の導入や二酸化炭素排出量の国家間取引などの発想は、全く資本主義的発想であり、問題になりません。

ヘブライ大学のユヴァル・ノア・ハラリは、世界のGDPの分析から、その二％（約一兆七千億ドル＝一ドル一二五円計算で約二三〇兆円）をクリーンエネルギー部門へ投資すれば、気温上昇を一・五℃に抑えられると述べています（「朝日新聞」二〇二二年一月二九日朝刊より要約）。

その研究の中で、二〇二〇年における世界のＧＤＰ配分の割合は、軍事費に二・四％、食品ロスで二・四％、化石燃料とその社会的費用や環境費用に七％、タックスヘイブンに隠している富裕層の資産は一〇％、企業が国外に隠匿している収益は一・六％であると述べています。

こうした世界のＧＤＰ配分は、世界の資本主義国同士が対立しているために決定されているのです。そう考えると、企業や富裕層に税を課し軍事費を縮小し食品ロスをなくし企業への補助金を削減するのは、大変厳しい状況であるといえます。資本の側に立つ人々に対して、世界中の働く人々が団結して圧力をかけて、平和的に資本主義を克服していくことしか方法はありません。

二酸化炭素とウイルスは、パスポート無しで国境を越えることができるのです。今ここにきて、地球温暖化という形で資本主義経済システムが終焉を迎えつつあるといえるのです。

核戦争

二つ目の危機は核戦争です。もし、核戦争が起きたら、地球上のほとんどの生物が死滅するでしょう。現在地上に存在する核弾頭は約一万四〇〇〇発にも達するのです。この内どこかのミサイルのスイッチが押されたら、報復の連鎖が起こると予想されます。

クリントン政権で国防長官を歴任したウィリアム・ペリー（W.Perry）は朝日新聞の取材（二〇二〇年七月二四日付朝刊）に次のように述べています。

警報システムが故障して、核戦争が偶発的に始まりそうになったことが三回あった。米ソ冷戦期、夜中に電話がかかってきて、ソ連から米国に向けて二〇〇発のICBMが飛んできているのがコンピューター画面に映し出されていることがあった。誤報だと直前で分かった。大統領はミサイルが到達するまでの一〇分かそれ未満で判断しなければいけない。核戦争が起きれば広島、長崎のように単発ではなく、核は数百発単位で一斉に放たれ、すぐに一千発単位の応酬になって地球全体に劇的な気候変動が起きる『核の冬』をもたらす。

そもそも核抑止力とはどういうものでしょうか。対立する二国間で、互いに所持している核兵器の使用がためらわれる状況を作り出し、結果として核戦争が回避されることを指します。もちろん、核保有国は他国を核爆弾の恐怖で脅すことによって自国の力と利益を誇示することができます。そのため核を持たない国が、核の脅威を克服するために核を持とうとし、その連鎖が中国、北朝鮮、イラン、インド、パキスタン、イスラエルなど紛争地域で起こっているのです。そして今や偵察衛星を使って攻撃できる時代となっています。このような危うい状況の下で、私たちは生存権を脅されているのです。

国連では、二〇二〇年一〇月、核兵器禁止条約が、五〇か国で批准され、二〇二一年一月に発効しました。しかし核大国であるアメリカ、ロシアは反対し、中国は棄権しています。日本はというと、広島、長崎の被爆国でありながら、アメリカの核の傘の下にあるという理由で反対しています。

現在、アメリカの力が衰えを見せ、中国が台頭著しく、この二国間で世界の覇権を争い始めています。これらのどちらが勝利しても帝国主義的征服となってしまいます。ここからは希望ある未来の展望は開けません。

パンデミック

三つ目の危機は、パンデミック（世界的大流行）です。世界は新型コロナウィルスのパンデミックによって大混乱に陥りました。これは、経済がグローバル化したことで、世界がまさに一つとなり、人々の動きも世界規模になって感染症が世界的に流行したわけです。

しかも、世界には人類が未だ知らないウィルスが存在するので、今後もパンデミックは起きるでしょう。その時必要になるのがワクチンなのですが、その配分状況が富める国とそうでない国とで格差があり、問題です。富める国が自国民だけにワクチンを接種したところで、これだけ国際的に人流がある現状では、世界を対象にしなければ、効果はありません。新たな変異株が次々に発生すれば振り出しに戻ることになるでしょう。ウィルスは二週間に一度世界のどこかで変異を起こすといわれています。したがって世界全体でワクチン投与を同時に実施する必要があります。ここでも国家に分断されていることによって、人類の危機が引き起こされているのです。

以上の三つの危機を克服して、人類が生存するにはどうしたらよいか、次の章で考えてみましょう。

第六章

未来への展望
ヤスパースを
手掛かりに

「汚染」

このような危機的現状に際して、私たちは指をくわえて滅亡を待つしかないのでしょうか。否、そうではありません。解決の糸口はここにあると思うのです。

現在は、未来の歴史の起源である。そして現在は過去の歴史の結果である。(カール・ヤスパース『歴史の起源と目標』理想社)

ドイツの哲学者であり精神科医でもあったカール・ヤスパース(一八八三年～一九六九年)のこの著作は、ユダヤ人の妻を持つ彼が、妻と共に収容所に送られる数日前に連合軍に解放された後、四年後の一九四九年に著されたもので、人類が地球規模の視野で世界を見渡せるようになった時点から、人類の精神史を中心に振り返り、未来の人類の展望を取り扱った歴史哲学書です。未来に関した部分の要約を、以下に示してみます。

強国の政治的支配からの解放

●世界の統一と秩序

技術の進歩によって交通が発達し、地球の統一がもたらされた。統一への道は、民族国家から大陸規模の管理へ(現在はアメリカ大陸、東アジア、ロシア支配地区、ヨーロッパ、近東、アフリカの六つ)、そして世界の統一へと続く。世界の統一は、世界帝国としてかあるいは世界秩序としてかのどちらかである。前者の道を促すものは権力意志あるいは支配意志であり、征服による単一支配的帝国である。後者の道は平和意志であり、法秩序の支配による連合国家の協調と契約による世界政府一体としての人類という理念によっている。世界帝国の道は、核戦争の危機にさらされている今日では不可能である。

●世界帝国もしくは世界秩序

世界帝国とは、地上のある場所から万人を制圧する唯一の支配力による世界平和であり、力によって維持される秩序である。全体計画化と暴力により大衆を水平化する。出発点がデモクラシーであったとしても、強制編成や征服によるならば、ローマ帝国やフランス革命のように独裁に移行することになる。完全主権の要請は、心の疎通を欠いた自己主張のエネルギーから発する。それがどんな結果を生み出すかは、主権の概念が規定された絶対主義の時代において、遠慮会釈なく言動により思い知らされた。※3

《資本主義の限界と同時に、従来のイデオロギーとしての社会主義の限界も見えてきた。マルクス・レーニン主義はもともとプロレタリア独裁という方法で社会主義を建設するという階級闘争を提唱した。それに対して、ロシアのナロードニキであったヴェラ・ザスーリチは、ロシアにはミールという農村共同体があり、そこからの改革が可能ではないかとマルクスに提案した。この提案に対してマルクスは自身の思考が、西欧の先進資本主義国に限定されているのではないかという懸念を感じていたようなのだが、それに対してははっきりしたことは述べていない。ザスーリチの提案は今でも後進農業国の現状に当てはまり、先進資本主義国は依然としてほぼ同じ地域に限定されている。さらにヨーロッパ社会主義運動の中で、レーニンとローザ・ルクセンベルクの間で次の論争が起きた。ローザの第一の批判は、レーニンの革命論が、巨大な組織は必要とせず極端な中央集権的組織で革命が可能であるとしたことに対して行われた。このことは裏返せば、人民全体が何らの役割も何らの発言権も持たないことを意味していた。第二の論点は、革命の成功のために戦争が歓迎された点である。この二つの欠陥からレーニン亡き後のスターリン体制が必然的に導かれた。少数の革命家官僚による支配は、内部の権力闘争によって必然的に独裁制へ転化する結果を生んだのだ。中国、北朝鮮もまったく同様である。》（《》の部分はヤスパースの大学の教え子だったハンナ・アーレントの『暗い時代の人々』ちくま学芸文庫、87頁より要約）

世界秩序とは、討議において共同決議から生まれてくる支配力以外に、統一的支配力を持たない統一であり、決定された秩序は、ただ合法的に確定された方法で新たな決議を経て変更されうる。この手続きと多数決がどの人にも共通に服従され、万人共通の権利が保障される。この権利はまたそのつど少数派をも守護し、人類の一なる秩序を動きと自己修正の過程にあって維持する。世界秩序への道は、万人の自由の制約としての強国の主権の自発的放棄を経て進む。世界秩序とは人類のための従来の国家概念の放棄を意味する。行きつく所は一つの世界国家ではなく、法的に限られた地域の自治体たる諸国家の、討議と決議において不断に更新されていく秩序、すなわち一つの包括的な連邦制なのだ。

世界秩序とは、世界内的自由状態の継続であり普遍化である。政治的秩序を生活問題に制限することで可能となる。生活の次元においては、全体としての発展が問題ではなく、あらゆる人間に生来共通である普遍的に人間的なものが問題となる。すなわち、自由、生命、幸福の権利という自然権を基礎とする人権である。世界秩序に反するものは、自然法に反するもの、国家の主権、自決権、平等資格権、全体主義国家、総力戦などで人権を破壊するものである。

もはや外部からの侵略はなくなるので、あらゆるできごとは内部のものとなる。したがって、外交はなくなり、軍事組織、全体計画化の必然性の連関は崩れ去る。

世界秩序は自由の様々な段階を踏んで構成されるであろう。一つの包括的主権のためにすべてから主権を取り上げねばならない。ただしこの一つの包括的主権は、軍事、警察、法律制定の権限を持つ。この主権には選挙と協力により全人類が参加しうる。この主権の下では自由で決定的な市場経済が、全体計画化なしで行われる。

世界秩序ではなく世界帝国が地球を統一した場合は人間存在のかつてない水平化が起こり、そこからさまざまな新運動、独立化、革命、統一の分裂と戦争が起こるだろう。

世界秩序を作り出すのは思想ではない。その可能性は、デモクラシー的秩序における市民的自由の発展、正義と法による暴力の克服という事実から推して成立するのである。

●強国の政治的支配からの解放

世界秩序への道は、絶対主権国家群を経由するほかないが、如何にしてこれらの国家が、交渉か戦争かの緊張から脱して相互に折り合い、お互いを認め合うかが、人類の運命を決する。大局を見れば、民族国家の時代は過ぎている。

政治的秩序は実際活動における指導力獲得という段階を経て実現する。そのためには、

i　もろもろの政治勢力の実際活動がどのように行われているか。

ii　諸国家の駆け引きによって実際活動がどのように変わるか。

iii　それぞれの政治的特徴がどのように保たれているか。

を検討して取り組む必要がある。

今日、白人たちがアメリカ、オーストラリアを含む北半球の空間を占領した。この新しい世界の区分から出発して、未来の世界連邦は形成されなければならない。実際にある現実から出発すべきである。八〇億（二〇二二年の世界人口）近い人々が、政治的自由という在り方を生活形式として身につけることができるほどに、政治的に成長しなければならない。このようなことが可能かという疑念が起こるのも一理なしとしない。

世界秩序への道は、一七世紀のヨーロッパ、一八世紀のアメリカ、スイスなどの少数の市民的社会から始まった。この政治的自由の生活形式を世界に拡大することによって実現される。世界秩序は、既存の自由諸国家の連邦制から出発するであろう。しかも平和裏に法秩序に参加する場合に限り成功するだろう。

交通の発達が、海から空へ変化したことにより、将来の世界警察力は空中輸送になるだろう。

●世界秩序への途上における危険

世界秩序へ向かう途上には、もろもろの危険がはっきりと見て取れる。しかしどんな危険でもそれが知られることにより、そのものの中に克服の可能性の契機を含んでいる。

【危険の種類】

・非寛容

正しいと認識されていたものが、その通りにならなければ、反抗心を懐(なつ)いて相互の話し合いをやめ暴力への準備に手を染めるようになる。

・拒否権の行使

それに対し、寛容になることによってどんな状況になっても人間の言葉は残されている。拒否権を廃止して、全参加者が危急の場合ですら、多数決に従う覚悟を持っていること。一つの国家の中の市民のように主権を放棄すること。寛容の精神とは、不屈の根気、不動の精神、人身攻撃に屈しない、全体の事態を見失わない、本質的なものを評価する、減退することのない注意深さ、倦むことのない待機を保つことである。

・独裁の危険

ひとたび達成された独裁は、内部から廃止できない。ドイツとイタリア、日本は外部から解放された（「経済的限界から始まったソ連の崩壊は、内部からではなかったか」と筆者は思う）。

・絶対的破壊の危険

世界秩序の途上では、人類を破壊してしまうような事件が起こりかねない。近代技術は破壊手段として、原子爆弾を持った。原子爆弾によって地球が超新星爆発を起こす可能性もある。地球の破局は逃れられぬものと考える思想は、実際の危険を意識させ、法に基づく世界秩序こそ構築する必要があることを見て取らせる点において意味を持つ（ここでヤスパースは原爆の計り知れない破壊力が、人間の生命に及ぼす危険ゆえに、平和擁護のひとつの動機になると言っているが、これは核抑止力の考え方につながる危険性があり、筆者は肯定できない）。

●世界秩序の可能性に反対する思想

世界秩序は、一つのユートピアであり、独裁権力の暴力無しではありえない。空間と人間と原料の優勢（大国の経済力）から、世界支配は自然に生ずる。経済膨張を通じて自分たちの意志を強制する（現在のアメリカ合衆国、中国）。世界秩序が生まれると、精神のたるみが起こり停滞してしまう。

これらの疑問に対して、世界秩序においては大国の経済力といえども法律に進んで従い、制約を受けるので、平和的修正可能性がある。また世界秩序は完結するものではなく、常に新たな課題に対応せねばならず、変遷の過程にあるといえる。

世界秩序の理念を求めて

人類は、お互い同士の秩序のため国家的共同体を創設した当時から、平和を求めていた（外敵のためであると同時に内の反乱抑圧の暴力組織としての国家というエンゲルスの国家観とは異なる）。現在、その平和を求める共同体の規模を、世界的なものに拡大していくことが求められている。人類は社会集団であり、一つの秩序である。幾世代もの歴史の共通作品であって、あらゆる個人の可能性と限界に見通しを与える。世界秩序を考える際に大切なのは、未来像を決めてかからないことである。なぜなら完結した状態というものはなく、人間は絶えず変化し、完結しえない存在だからである。永遠平和の構想は、現実的形態を超えて無限の課題にとどまるが、真実であることに変わりない。この理念の根拠は、理由づけられない信頼である。すなわち一切が無ではないという虚無主義とは違う信仰的確証なのである。

●ヤスパースの考えた未来

以上がカール・ヤスパースの描いた未来像の要約です。ヤスパースの『歴史の起源と目標』の発想の淵源となったのは、エマニュエル・カントの「世界公民的見地における一般歴史の構想」（一七八四年）という論文にあると思われます。カントはここで、人間の可能性は、個体としての生ではなく、類としての歴史のうちにみられると述べています。そしてその歴史の目標は、世界全体を蔽う完全な公民的状態、すなわち法治の状態であるとして、世界連邦の創造を歴史の目標としています。以上からヤスパースの歴史観はドイツ哲学の伝統を受け継いでいることが解ります。さらにカントの公民思想は、ルソーの社会契約論の延長線上にあるのです。

今や、地球温暖化によって資本主義の限界が見えつつあります。一方世界の人口は、八〇億人に達しようとしています。この人口を養うには、科学と技術、それに生産手段の共有による大量生産が欠かせません。また、一万四〇〇〇発以上の核爆弾の報復合戦による核戦争が地球を破壊する危険から免れるには、世界帝国による統一では不可能であることは明白です。そう理解される以上、私たちはヤスパースの世界秩序の概念を適用するほかに、生き残る道は残されていません。

現在、存在する世界組織の中で、ヤスパースの世界秩序の概念に最も近いのが、国際連合です。ですが、今のままでは何の力にもなりません。ロシアのウクライナ侵攻は、核爆弾の使用によってロシア帝国主義が世界の滅亡をもたらす可能性を証明しました。同時に世界中の人々がウクライナに寄せる支援の輪を見ることができました。しかし、一方で、現実に起きている虐殺を止めることができない事実も存在しています。それは国連の力の限界を証明しているとともに、アメリカを中心とする西側の民主主義も、いわゆる先進国の帝国主義であるため、ロシアの帝国主義と正面から衝突すれば、第三次世界大戦を引き起こし世界の滅亡につながることが明白であるから、手を出せないでいるのです。また、世界大戦になればアメリカもロシアも核爆弾を使用するでしょう。この事実は核爆弾が核抑止力を持たないことを証明しています。

ウクライナに寄せた連帯の動きが、シリア難民やミャンマーの民主派に対する支援として現れないのは何故なのでしょうか。その他、アフガニスタン、ソマリアなど中東やアフリカ諸国の紛争についても同様です。彼らも同じ人間として同じ基本的人権を持っているはずです。

この矛盾した状況を打開するには、まず常任理事国五か国の拒否権を無くし、世界の全人民が平等の一票を持ち、議会の話し合いで世界統治の方針を決め、国連憲章に代わり世界憲法を創造して、法による世界統一を成し遂げるということが必要です。さらに紛争を武力で抑える力を持った警察権を備えた世界政府を創設することが必要です。

そこに行き着くまでにどのような過程を経ることになるのかを、具体的に示すことは不可能ですが、資本主義を克服することは、必須の条件です。なぜなら、人類の抑圧の根源は、労働力の搾取にあり、剰余価値の収奪にあるからです。また地球温暖化の原因も、資本主義経済の無秩序な競争に起因しているのであり、人類の滅亡をもたらす核戦争は、帝国主義的資本主義によって引き起こされる可能性があるからです。したがって全世界の働く人々の共通の利益を、平和的に実現する以外に道はありません。すなわち労働者の団結によって、世界政府を平和的に実現する道です。

二〇二一年一月に発効した国連の核兵器禁止条約が、核保有国に突き付けた世界の意志は、ますます強くなるでしょう。このことから世界政府の可能性も存在すると考えられるのです。

レヴィ・ストロースは『親族の基本構造』※4の中で、人類は、未開状態にあった段階からすでに、互酬性の原理によって戦争を回避する方法を発見し、イトコ同士が結婚する交叉イトコ婚によって社会的結びつきを拡大してきたと述べています。そう考えると、人類が世界政府を創出する知恵と力を持つものと確信できます。

空想的な考えだと言う人もいるでしょう。もしこの道を歩き出したとしても、その先には多くの困難が待ち構えていることは確実です。しかし、これ以外に人類が生き延びる道はないと、私は考えています。現時点で、私が最も恐れているのは、「政治に背を向けた時、ファシズムは民主的にやってくる」という歴史の教訓です。

（注3）「こうした事実は、現代の歴史にも多く見られる。アメリカ合衆国の帝国主義は、ベトナム、アフガニスタンにおいて破綻し、中国の帝国主義は、ウィグル、チベット、台湾、香港などの民族自決や民主主義の脅威にさらされている。現在の国連における状態のように、強大国の共同の決議採択に際して、拒否権が残されていれば、絶対主権の余地も残されている」筆者考。

（注4）レヴィ・ストロースは、現存する未開民族の「親族の基本構造」を研究した世界中の人類学者の研究成果を総合して、そこから共通項として浮かび上がった互酬性の原理と交叉イトコ婚が、未開社会のすべての人類学に共通して存在していることを発見しました。それを演繹して全ての民族の未開段階において、それらが存在したことを証明しました。

・互酬性の原理＝氏族・部族社会の段階で生活を維持するために、人類はテリトリーを必要としました。その時、近接する部族同士が、戦争を避けるために友好の印としてお互いに贈り物を交わすことで、戦意の無いことを表明したのです。

・交叉イトコ婚＝互酬性の贈り物が、女性となったのです。両親の世代の男女がクロスしたイトコ、すなわち父親なら父方のオバの子供、あるいは母親なら母方のオジの子供と自らの子供と婚姻関係を結ぶ婚姻制度のことです。当事者が女性なら、父方のオバさんの息子と結婚することは父方交叉イトコ婚となり、母方のオジさんの息子と結婚することは母方交叉イトコ婚となります。家督や財産が父方から息子へ継承される場合は父系と呼び、母方から娘に伝わる場合は母系とよびます。レヴィ・ストロースは、世界の全ての民族が母系であったと、文化人類学の成果を根拠として主張しています。

一方で、互酬性の最高の贈り物が女性になったことが、世界の未開民族や古代民族に共通して存在していたとすると、そこにジェンダー差別の根源があったということになるのです。フランス革命期の空想的社会主義者のフーリエの言うように、婦人の社会的地位はその社会の発展段階を表すという言葉は、女性の社会的地位についてその歴史を語っているのです。

あとがき

教育現場から退いて、後に残る教職員に何かできないか、という思いから本書の出版を思い立ったのですが、読者には教育現場の話から世界統一まで、脈絡のない荒唐無稽なおとぎ話のような印象を与えたことでしょう。書き進めば進むほど何もできないというジレンマを感じて苦しくなってきますが、悩める退職老人の記録として残したいと思います。

核戦争、地球温暖化、パンデミックという世界的危機と不安の中で教育は続いていきます。子供たちに安心を与えるためには、教員が広い視野と展望をもって教壇に立たなければなりません。

この本がどこまでそれを示せたかはわからないし、教育がどこまでこの危機に有効であるかもわかりません。しかし、とにかく今や地球は一つであるということが、生活の実感として世界の人々が持てるようになりました。だから解決の方法も世界的規模で存在するはずです。そのことを一緒に考えていきたいと思う次第です。

最後に、本書を出版するにあたり、職場新聞を二八年間苦労して一緒に発行した有賀明彦氏と、貴重なアドバイスをいただいた諏訪勝氏に、そして花伝社の須賀美月氏に深甚なる感謝を申し上げたい。

"You may say I'm a dreamer, but I'm not the only one, I hope someday you'll join us, and the world will be as one."（ジョン・レノン「イマジン」より）

二〇二三年一〇月

千葉　章

千葉　章（ちば・あきら）
1949年生まれ。1975年、東京藝術大学大学院壁画科修了。1975年～2010年、神奈川県立高等学校の美術教員として勤務。1986年～2014年、神奈川県高等学校教職員組合の分会総会や職場において、職場新聞「エミール」を配布する。2010年～2013年、神奈川県立高等学校の美術非常勤講師として勤務。2013年～2015年、フリースクールでボランティア。
2021年、みなとみらいギャラリーで油絵個展。

エミールのために――いま求められる教育理念

2023年1月10日　　初版第1刷発行

著者 ――― 千葉　章
発行者 ―― 平田　勝
発行 ――― 花伝社
発売 ――― 共栄書房
〒101-0065　東京都千代田区西神田2-5-11出版輸送ビル2F
電話　　03-3263-3813
FAX　　03-3239-8272
E-mail　info@kadensha.net
URL　　http://www.kadensha.net
振替 ――― 00140-6-59661
装幀 ――― 佐々木正見
印刷・製本 ― 中央精版印刷株式会社

ISBN978-4-7634-2044-2 C0037